産婦人科専門医が教える

はじめての性教育

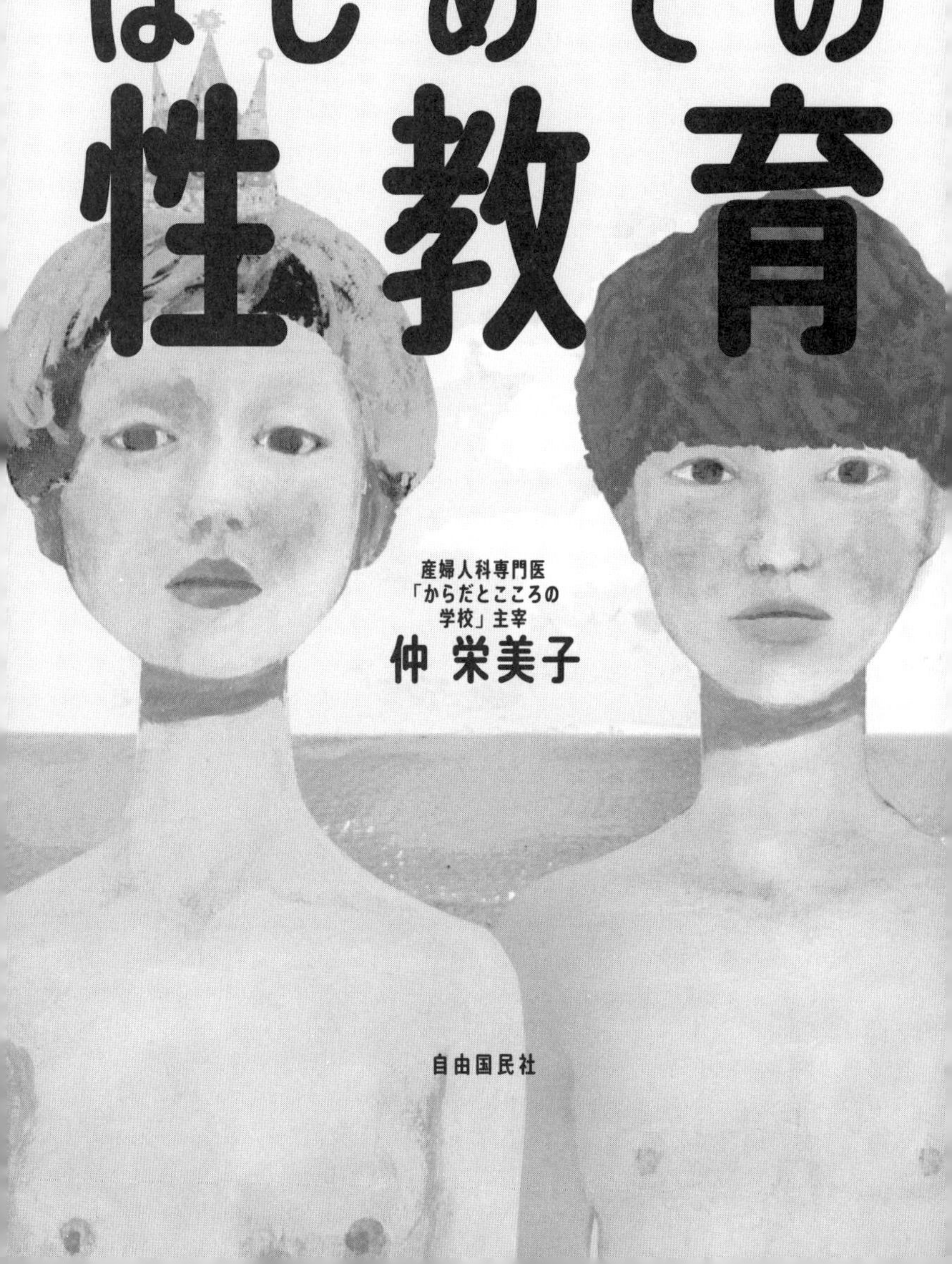

産婦人科専門医
「からだとこころの学校」主宰
仲 栄美子

自由国民社

はじめに

性教育は今、「性共育（性と共に育ち生きていくこと）」を目指しています。

ご家庭で気軽に性の話をしてみませんか？

今から30年前、小学生中学生だった私は、学校で性についての勉強をした記憶があまりありません。

聞くところによると現在はタバコ、スマホの扱い方から性の話まで、たくさんの専門家が学校へやってきて講演をしてくれるようですね。

学校の先生以外が来て話をするというのは、子ども達の印象にも残りやすくて良いですよね。

私が唯一性の話で覚えているのは、小学校6年生の修学旅行直前に、男の子と女の子と別の教室に分けられて、女の子にだけ月経の話があった、ということ。

そのとき私は「修学旅行中に初めて月経が来たらどうしよう」と思って、家に帰ってから勇気を出して母親に相談をしました。

すると母は私を風呂場の脱衣所に連れて行き、突然何も言わずにズボンと下着を降ろしたのです。

「まだ来ないな」

産婦人科医である私の母は、平然と顔色一つ変えずに言いました。

突然の母の行動にびっくりした私は、まるで予言者のように言い放った母に「どうして?」とは言えませんでしたが、結局その予言通り、修学旅行中には初めての月経が来ることはありませんでした。

自分が産婦人科医となった今では、それが予言ではなくなぜなのかはわかりますが。

今では、生まれながらに産婦人科医のかかりつけ医が自分のそばにいるという恵まれた境遇にありながら、自分があまり性についての疑問を持つことがなく母に質問してこなかったのは、もったいなかったなと思っています。

今回は、母が40年もの長い間、地域の小中高校生に行ってきた性についての講演活動を、「歳が近い先生からの話の方が親近感を持って聞いてくれるでしょう」と言って受け継いだ講演活動の中から、**実際に本当に生徒（主に中学生）からもらった質問だけ**を集めました。

どんな子どもも、口にしないだけで、性の悩みは持っています。

この本を読んでいただくと、性の話はただ月経や射精についてだけではなく、命、からだ、人を好きになること、人を思いやること、個性、人生についてと内容はとても広いのだということがわかってもらえると思います。

だからこそ私たちは性を切り捨てて生きることはできず、性と共に育ち生きていくのだ、といえるのです。

ぜひ今の中学生が日常にどんなことに疑問を持っているのかに触れてもらって、家庭で気軽に性の話をしてもらうきっかけになればと思っています。

そうしてつちかった親子での会話や関係が、子ども達の人生をより豊かにしてくれたら、と願っています。

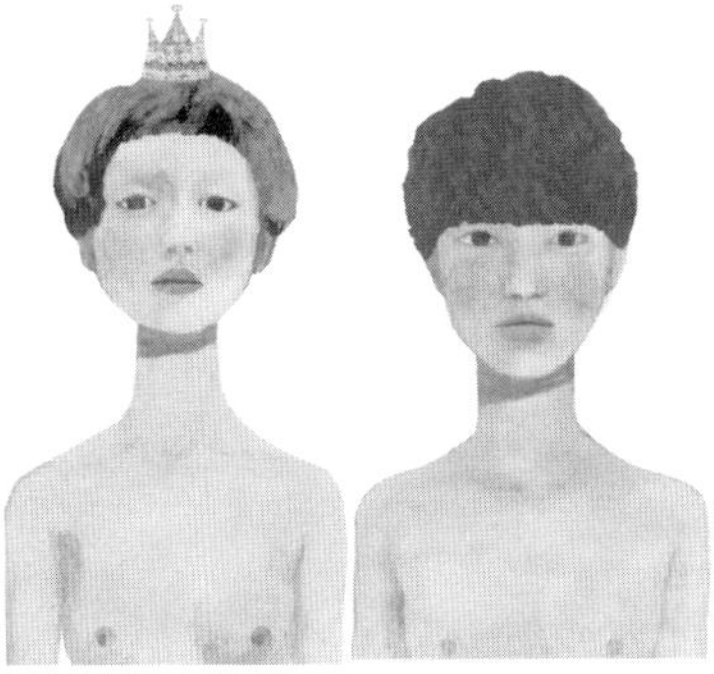

目次

②章 女子に多い質問　51

③章 性の多様性について　99

④章 性感染症について

⑤章 性は「生きる」こと

①章

性教育って何を学ぶの？

こんなことも教えてます

学校の外から講師を呼ぶ講演会の場合、学校サイドは保護者で参加希望者がいたら自由に参加してもらってかまわないですよ、というお知らせを必ず出してくれます。

私がうかがって行う「**性のおはなし講演会**」も必ずお知らせしてくれます。

ただし、当日うかがうと、「保護者の方の参加は多くて3名くらいかと」と言われ、100名の生徒さんに対して保護者の参加はゼロということも少なくありません。

それも仕方のないことで、たいてい講演会は平日。参加するにはわざわざ仕事を休まなくてはなりません。

でも本当は、「性のおはなし講演会」は子どもたちよりも保護者に話を聞いていただきたいと思っています。

なぜなら、性にからめてお話ししていることは、とても内容が広いからです。

「性教育で、子どもたちは何を学ぶのか？」

それをこれからちょっとだけお見せします。

1 中学生が持つ性のイメージは？

「大切なこと」「生き方につながること」

学校で先生が「今日は午後から性のお話講演会があります」と話すと、急に子どもたちはニヤニヤそわそわしだして、

「どこから先生がくるんですか？」

「どんな話をするんですか？」と声をかけてくるそうです。

特に日常的に下ネタが飛び交うような男子は楽しみで仕方がないようです。ザ・中学生といった男子ですね。

女子はネットで配信される恋愛番組の中で誰々がつきあったとか出産したとか、担任と話題にしている子が多いので、高校生の妊娠や出産などに興味がある子が多いようですが、先生からするとファッション感覚で見ている感じが気になるようです。

また、見た目にコンプレックスを強く持つ子が多く、水泳授業は断固拒否なんてい

う女子も数名いる…。

こんなふうに、講演会に行く学校の養護教諭の先生と前もってやりとりする中で、当日お話しする子どもたちが普段どんな様子で性について話題にしているのかを聞いておきます。

そして、どんな子どもたちなのかを想像しながら講演の準備を進めていきます。

多くの学校は講演の前に、子どもたちが性のどんなことに興味を持ち、性のことをどうとらえ、どれだけ知識があるのかを調査するアンケートを行ってくれます。

そのアンケートの中に、性についてのイメージは？という質問があります。

すると、講演会があるという話だけでニヤニヤそわそわする中学生たちが、実際に答える性へのイメージは、

「**大切なこと**」「**男女のこと**」「**生き方につながること**」

がほとんどで、

「人には言えないこと」「恥ずかしいこと」「エッチなこと」

と答える子はほとんどいないのです。

これはどこの学校へ行っても、中学校のどの学年でも同じです。

だから中学生の前では、

「『性』という字は、『心』という意味のあるりっしんべんと、『生』生きる、生命の一文字からできているので、性のお話はみんなの心や命、生きることについてのお話です」と語りかけるところから講演を始めます。

私たち親世代は性の話というと、どこか人目をはばかり恥ずかしいものといったイメージを持つ人が多いです。親と性の話をするなんてもってのほか、したこともないという人が多いのも事実です。

でも今の中学生たちは親の考えと裏腹に、性とは「大切なこと」「生き方につながること」ととらえているのを、私たちは知っておかなければいけません。

まえがきにも書きましたが、ひとは生きている限り、性を切り捨てて生きることはできないので、**子どもが家庭で投げかけてくる性についての質問には逃げずに向き合っていただきたい**と思います。そして親世代もある程度の知識を持って、真剣に子どもたちとぶつかっていただきたいとも思います。

2

性についてって何に関心がある？

昔も今もあまり変わらない。しかし…

私が母から40年間行ってきた性の講演会を引き継いだばかりの平成20年のころは、中学3年生を対象にした講演会に行くと、相当大人っぽい生徒さんがちらほらいました。学生服を変形させカラーの派手なベルトをしていたり体格も大きくて、講師として新米だった私にしてみれば、こちらがタジタジしてしまうような迫力がありました。

でも今はそういう中学3年生は一人もいなくて、どこへ行ってもみんなニコニコして礼儀正しくて素直そうな生徒さんばかりです。

たった10年ちょっとで、話を聞いてくれる子どもたちの様子も様変わりすれば、性について知りたいことも変わってくるのは当然だと思います。

一番の違いは、「みんなの知りたいことって何ですか？」という質問に対して、以前は大勢の子どもたちが様々な項目に複数個、積極的に答えてくれたのに、最近は性についてあまり関心がない、「知りたいことがない」と答える子が多くなっていることです。

日本が少子化になっているのは、特に草食系男子が増えているからで、それも今は草食系を超えて絶食系になっている！とおっしゃっている先生がいらっしゃいますが、まさに性のことに関して「冷めている」子どもが増えているのを実感します。

性について知りたいことの細かい項目で見てみれば、実は5年前も現在も中学3年生が知りたいことは、異性の心、性に関する病気、妊娠出産、同性愛が上位を占めているのはあまり変わっていません。順位が年によって違うくらいです。

その中で最近は、テレビなどのマスメディアでLGBTや性同一性障害という言葉がよく聞かれるようになり、男と女という2つの性しか知らない子供たちには戸惑うような芸能人が普通に目に入るようになったため、同性愛や性転換について知りたいという数が5年前よりは少し伸びている感じがします。

小・中・高校と性のおはなし講演会には出かけていますが、異性の心に関しては中学生になると急に個別に質問をもらうことが増えます。「好きな人の心が知りたい」「日常的に男子や女子（異性）の考えが全くわからない」などですが、スマホ世代の子ども達であるからこそ、必ず講演会で「どんなに頑張っても目を見て話す以外に絶対にわかる方法のないもの、それは人の心」と伝えています。

そして性について知りたいことという穏やかな状況から、**実際に性に関して困ったことがあるときに、相談する相手は誰を選ぶかという事態が起きた場合、中学3年生は主に友達や先輩、家族を選んでいて、担任や養護教諭の先生を含めて学校の先生にはほとんど相談しない**というのが、10年前と大きく違う最近の状況です。

一日のうちで学校にいる時間は長く、学校の先生は一番身近な大人であるのに、そこでは相談せずに家族に相談すると答えてくれている中学生たち。

できれば、ご家庭では短い時間でよいのでお子さんと向き合う時間を作って、胸に秘めている相談事を口にしやすい環境を作っていただきたいと思います。

3 思春期の心の変化はどんなもの？

男性ホルモンは別名エッチホルモン

「思春期になると、男女の気持ちに違いはありますか？」という実際に合った質問にからめて、小学校6年生の男子が、私のする「性のおはなし講演会」の中で一番喜ぶお話をご紹介します。

それは、「男の子の体にたくさん流れる男性ホルモンは、別名エッチホルモンと言います」という話です。この話をすると、その場にいる男子のほとんどがうれしそうに隣りに座る同性の友達と目を合わせて、体をもじもじさせニヤニヤします。

私達の体には特徴があって、一次性徴（いちじせいちょう）は生まれたときに持って出てきた見た目の性別の特徴、二次性徴（にじせいちょう）は性ホルモンの働きで発育する部位に現れる特徴を指します。ただし現実は、男と女という二つの性別にはっきり分けられない見た目の性別を持って生まれてくる子もいますが、小学生向けの講演会ではそこまでは話しません。

　二次性徴を迎えると、男の子はより大人の男性らしい体つきになり勃起や射精を経験する、女の子はより大人の女性らしい体つきになり月経を経験する、これはそれぞれ男性ホルモン（テストステロン）と女性ホルモン（エストロゲン）が体に働くことで起こる変化です。

　このホルモンの働きは、それぞれ思春期になると、**異性のことが気になる**という共通の変化を起こします。そして、男の子に働く男性ホルモンは脳へエッチなことをたくさん考えるように働きかけます。だから男の子は女の子に比べて下ネタ大好きで、彼氏彼女ができたときもすぐにキスしたい抱きしめたいセックスしたいと思うようになるのです。そんな男の子に対して、女の子が「男子って最低」と思うのもホルモン的には当然です。

　男性ホルモンが男の子の脳に働くと性欲が高まるはずなのに、最近は草食系を超えて絶食系男子が増えてしまっているのはなぜか、という話が医者の中でも数年前より話題になっているのですが、プラスチックを燃やしたときに出るダイオキシンのせいとか、食品添加物のせいとか、いろいろな電化製品から流れる電磁波のせいとかいろいろいわれているものの、本当のところはよくわかっていません。

また、以前中学生の女の子から、「私は性欲が強いのですがおかしいのでしょうか？」という質問をもらったことがあります。女の子の体の中にも男性ホルモンは多少流れていますので、女の子で男の子のように性欲が強いのは異常なことではありません。

男子も女子も思春期になると高まる性欲を、自分でどうとらえ解消していくかを学ぶのも大事なことになります。

その解消方法についてはまた後ほどの項目でお話しします。

4 なぜ毛が生えるの？

体の仕組みにはすべて意味がある

「なぜ毛が生えるんですか？」

この質問の毛とは陰毛のことを指していて、陰毛はご存知のようにおまたの周辺一帯に生える毛のことをいいます。

私自身、陰毛がいつ生えてきたのかというのは全く記憶にないのですが、初めて生えてきているのを見つけたときにはとても衝撃だったことは覚えています。そして、その後初めての月経が来ることになります。

この自分のからだに関してのなぜなぜ質問シリーズはとてもたくさん小中学校の生徒さんからもらいます。そのうちの一つがこの陰毛の質問なのですが、もしも性のおはなし講演会の前に質問をもらっていたならば、必ず講演の中で次のように答えるようにしています。

「私たちの体の作りには、必ず意味がある」

陰毛も人によっては完全に剃ってしまうこともありますので、無いなら無いで良いものなのかもしれません。でも人間がずっとずっと昔、体全部が毛で覆われていたのに、現在おまた周辺にのみ毛が残ったのは、何か理由があったからと考えるのが自然です。

体にとって毛が必要である理由の一番は、「大事なものを守るため」です。陰毛ではないですが、頭に毛が残ったのは脳を守るため、鼻毛があるのはそれが空気の中にある悪いものを濾過するフィルターの役目があるため、と同じです。私たちが子孫を残すために大事な生殖器を、外からの衝撃から守るためです。

汚れないためという説もありますが、これは目の上に眉毛やまつげがあって目にゴミが入らないためというのと同じかもしれません。

また、毛があることで、そこから出る汗やフェロモンの匂いをこもらせて異性を惹きつけるためという説もあるようです。欧米の人は、かえって自分の出した汚れなどがこもるのは不潔という考えもあるのか、剃っている人が日本人より多いようですね。

さらに、子孫を残せるような体になったのを周りの異性にアピールするため、という説もあります。これはチンパンジーのメスが繁殖期になるとお尻が赤くなるのと一緒です。毛といっても陰毛ではなく頭の毛は、無いよりはあったほうがいいと考える方もいるかもしれません。頭の毛といえば、大好きで大好きで仕方なくて結婚した旦那さんが、思いのほか若くしてツルツルになることもあります。しかし毛のあるなしは、その人自身の価値を決める理由にはならない、というのは大人になればわかりますよね。

いずれにしても、自分の体に興味や関心を持つということはとても大切なことです。自分の体に興味や関心のない人は、決して自分の体を大事にできないからです。

子どもたちから「なぜ？」と問われたら、ぜひ一緒に答え探しをしてみてください。

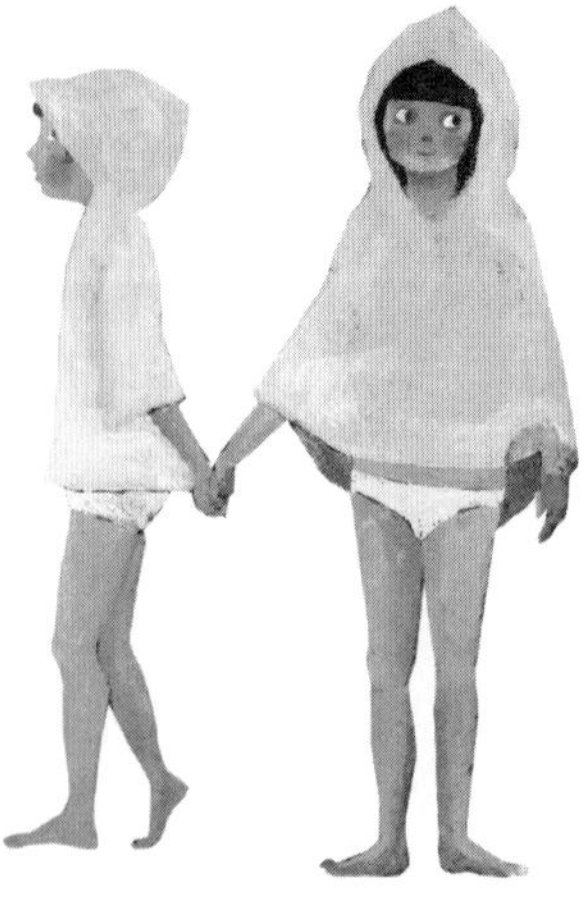

5 包茎を治したい

包茎で手術をしないといけない人はゼロ

以前3歳の男の子が、私の勤めている病院に「おちんちんの先が腫れ上がって痛がっている」と、おじいちゃんに連れられて来たことがあります。このように、私の勤めている病院で産まれた子どもたちは、高校生くらいまで風邪からちょっとした日々の相談までしに来てくれます。

さて、「**包茎**」という言葉に私が深く触れるようになったのは、10数年前に性のお話講演会の活動を始めてからであったような気がします。自分が大学で勉強していたころには、授業で聞く言葉ではありませんでした。もちろん教科書には載っていましたが。自分にはおちんちんがありませんので、ほぼ生まれてこの方30年ぐらいは包茎というものを知らなかったといっても大げさではないと思います。

テレビのコマーシャルで若いイケメンの男の子が、とっくりセーターの襟の部分をつかんで顔を出したり入れたりしているのが、この包茎に関係しているコマーシャルだというのも最近になって初めて気づきました。初めてこのコマーシャルを見たときには、とてもびっくりしたものです。

ネットで「包茎」と検索すると563万件もヒットするという事実からすると、男子にとっては非常に切実な問題なのかもしれませんね。確かに中学校の講演会で包茎の話をしているときは、男子がみんな心配そうな顔をしてこちらを向いていることが多いです。噂によれば、修学旅行のお風呂では絶対水着を穿いて入るという話をしている中学生もいるようですから、よほどの関心事なのかもしれません。

おちんちんの先の亀頭が、おちんちんが勃起していないときに、包皮に完全に包まれている状態を、医学用語で真性包茎（しんせいほうけい）といいます。簡単にいえば男の子の赤ちゃんが生まれたときのおちんちんです。ただしまれに、生まれたときから完全に剝けている子もいます。

また、勃起していないときに亀頭が多少なりとも見えている状態を、医学用語で仮性包茎（かせいほうけい）といいます。日本人の男性の8割は仮性包茎だといわれています。

まずは**包茎という言葉が、おちんちんの状態を分類するためにつけられた〝ただの**

名前" だということ、その名前自体 "病気ではない" ことを知ってほしいです。

そして、勃起したときに多少亀頭の先が見えていて、その状態で射精ができれば、特に手術の必要がないと考えます。

ただし、男の子は年齢とともにいずれ包皮が剝けていくのを、ほったらかしにして見ていていいというわけではありません。亀頭と包皮の間には汚れが非常に溜まりやすいので、毎日洗って清潔にしてあげないと、冒頭でお話しした3歳の男の子のようになってしまいます。この男の子は結局おちんちんを診察室で剝いてみたら、紐状になった汚れのかたまりが出てきました。汚れを取り除き消毒をしてあげただけで炎症は治りました。

自分でおちんちんを洗うことができない小さいうちは大人が洗い、自分でできるようになったら自分のものは自分で洗う習慣がつくと良いですね。

そして、男の子たちは友達同士で包茎についての話題をざっくばらんに話せるような環境や関係を作ってほしいと思います。また、おちんちんの大きさや形、いつごろ剝けるのか、いつごろ勃起射精を経験するのかは個人差があるので気にしすぎたり、他人を中傷したりすることがないようにしてほしいです。

6 ボクサーパンツってインポテンツになるの？

都市伝説はいろいろある

　私がもらった質問の中で回答に一番悩んだ質問です。回答に悩んだので、一番記憶に残っている質問ともいえます。なぜ悩んだのかといえば、今まで考えてもみなかった、ということだからかもしれません。

　ボクサーパンツはボクサーブリーフともいわれていて、トランクスの形でブリーフのようにフィットしている男性用の下着の一つです。インポテンツはなんらかの事柄をきっかけとして、男性が性的不能に陥っている状態です。

　つまり質問をくれた中学生の男の子は、自分がボクサーパンツを好きで穿いているけれども、穿き続けているとインポテンツになるという噂を聞いて、心配になり本当なのか？と聞いてきたわけです。

まず、男の子と女の子の体の大きな違いをお話しします。それは、男の子の生殖器（陰茎や精巣）は体の外にあること、女の子の生殖器（子宮や卵巣）は体の中にあることです。**男の子の精巣は体温より少し低い温度でよく働き、女の子の卵巣はお腹の奥の一番体温の高いところでよく働く**のです。だから女の子が月経や妊娠でのトラブルに遭わないように、体の中でも特に下半身を冷やさないようにと、講演の中では念を押してお願いしています。

とすると、確かに男の子がボクサーパンツを穿くことで、陰嚢が体にフィットして精巣が温まってしまうのを心配するのは当然のことなのかもしれません。男性にとって最高の下着はフンドシだという広告があったり、下着問題はさまざまな議論を呼びます。

では実際のところどうなのかというと、男性がどんな下着を選んでもそれはその人の好みでしかないと思います。もしも本当に、下着の選び方一つで男性がインポテンツになってしまうのだとしたら、世の中の泌尿器科医の先生は黙っていないと思います。それが、ボクサーパンツが世の中に登場してから約20年、特に非難があるわけでもなく、いまだに販売されているのを見ると、ボクサーパンツがインポテンツになるという根拠は全くないのだと思います。

このようなまことしやかにいわれている都市伝説はたくさんあります。例えば「ピルを飲み続けていると不妊症になる」とか。その都市伝説が本当に正しいものなのかどうかを見定めるためには、少なくとも5人の人に声をかけて考えを聞くのが良いでしょう。5人のうち3人が否定的な答えや反応をしたならば、その話は本当に噂なだけでデマなのかもしれません。

性に関してだけでなく、ひとの噂やネットを含めて自分が目にする情報には常に疑問を持ち、それが信ずるに値するものなのかどうかを、情報が氾濫している今の時代だからこそ十分注意したいところです。

7 オナニーって安全？

良いオナニーができる人は将来良いセックスができる

最近「悦る（えつる）」という造語を人から聞きました。

これは「悦に入る（えつにいる）」と同じ意味になるのですが、他人はどうあれ自分が最高に楽しくて気持ちが良いことを追求する様子を表す言葉です。

日本人は、この「悦る」ことをするのがとても苦手です。それはなぜなら、こんなことをしていていいんだろうかと人目が気になる人が多いからです。まさにオナニーは、この「こんなことをしていていいんだろうか」という気持ちが先立ってしまう行為の一つといえます。

オナニーはマスターベーション、自慰、ひとりエッチ、シングルセックス、など色々言い方があり、自分の体（特に性器）を触って気持ちが良いと感じ、性欲を解消する行為です。

日本人は、オナニーをする自分は悪い自分と思ったり、オナニーをせずに性欲を解消する方法を探そうとしたりする人が多いです。つまり日本人は、オナニーに対して非常に「悪」のイメージが強いといえます。思春期になった男の子の部屋からエッチな雑誌が見つかったときに、部屋の掃除をしているお母さんが「これは何？」と本人に怒って問いただすことってよくありますよね。

でも、「**良いオナニーができる人は将来良いセックスができる**」、これが今や常識です。だから最近は良いイメージを持ってほしいと、オナニーのことをセルフプレジャーと言い換えることも増えています。

オナニーは男の子も女の子もしたいならすればいいです。数年前にテクノブレイクという言葉で、オナニーをやりすぎると死んでしまうという意味の言葉が、密かにネット上で広まりましたが、はっきりいって一日に何回しても死んだりはしません。

私の夫が「**男は中学になれば鉛筆持ってるより自分のちんちん持ってる時間の方が長い**」という名言を生み出し、毎回私の性のお話講演会でお披露目しては中高生男子の笑いを得ます。男の子の性欲は思春期になると強くなります。これは男性ホルモン＝エッチホルモンのせいなのですが、そうなったら自分の性欲を受け止め、それをオナニーで解消している自分の姿を見つめる修行をすべきです。性のお話講演会の大先輩、岩室紳也（いわむろ・しんや）先生の言葉を借りるならオナニーは「男子には必須科目、女子には選択科目」です。

オナニーをするために目や手にする刺激が強すぎると、実際のセックスの場面で気持ち良いと感じることができなくなります。例えばネットや雑誌などに書かれた非現実的なセックスの様子を目にしたり、床や机の角に性器をこすりつけたりするオナニーをすることなどは強い刺激にあたります。

高校生向けの講演会の後に、「自分は乳首を触って射精をしないオーガズムを経験するドライオーガズムのオナニーをしていますが、おかしいですか？」という質問をもらいました。オナニーの方法は人それぞれなので何が悪いということはないのですが、最終的には「性器への刺激で射精できる」方法を会得しておかないと、将来のセックスの現場で困ってしまいます。

なので、「オナニーって安全ですか？」という中学生からの質問に対する答えは、やり方によっては危険になる」だと思います。

ちなみに、男の子の部屋で掃除中にエッチな雑誌を見つけたら、お母さんはそっと元の場所へ返しておくか、内容が非現実的なのであれば「あの雑誌に出てくる人があなたの彼女だったらどう思う？」と本人に指摘するのが一つ対応としてあります。

8 日常生活で気をつけることは何？

性教育は生まれた瞬間から必要

性のことに関して日常生活で気を使った方が良いこと。この話は、主に小・中学校の生徒さんや保護者さん向けの性の話講演会で話をしている内容です。同じようなことになるかと思いますが、保護者の方に「性教育はいつから始めたらいいですか？」と聞かれることがあります。

「性教育は、生まれた瞬間から必要です」

と私は答えます。包茎の項目でお話ししたように、男の子の赤ちゃんが生まれれば、お父さんお母さんは本人ができないうちはおちんちんを綺麗に洗うことをしていただきたいですし、3歳くらいになれば、おまたやおちんちんは大事なところだから、むやみに人に触らせたり見せたりしないんだよ、と声掛けしていただきたいのです。性のお話は体のことだけではなくて、心や命や生き方につながることなので、「**あなたが**

お父さんやお母さんにとって世界で一番大事なものだよ」と伝えてあげるのも大事な〝性教育〟です。

小さいときには何も言わなかったのに、急に思春期になって親から性の話をされても、子どものほうもびっくりして受け止めづらいと思います。だからお父さんやお母さんには、小さいときから子どもに少しずつでいいので性のお話をしていただきたいと思います。

小学校の子どもたちには、主にこんな話をします。

まず女の子の場合です。**トイレに入ったときはおしりの穴からうんこの菌が膣に入らないようにおまたは前から後ろに向かって拭きましょう。女の子の大事な子宮や卵巣という内臓は温かいところにあると良く働くので、下半身を冷やさないようにしましょう。月経が来たら膣から菌が入りやすいので、汚れたナプキンはこまめに替えましょう。**

次に男の子の場合です。**自分のおちんちんは自分できれいに洗いましょう。他人のおちんちんやたまたま（精巣）をつかんだり蹴ったりするのはとても痛いし傷がつくのでやめましょう。**

そして男女共通の話です。**水着とマスクで隠れる場所であるプライベートゾーンは、**

勝手に見たり触ったり人前で見せたり触ったりするのはやめましょう。汚い手で自分の性器をさわるのはやめましょう。自分が嫌だと思うことを他人にするのはやめましょう。自分の体は世界に一つしかない宝物なので大事にしましょう。

「自分の体は世界に一つしかない宝物なので、壊れてもおもちゃのように部品を交換することはできないから、大事にしましょう。あなた一人がいなくなったとして世界中から代わりを探そうとしても、同じ人は決して見つからないんだよ。みんなの顔や体がひとと違うのは当たり前で、背が高いからいいとか足が速いからいいとかそういう基準で人の良し悪しは決まらないんだよ」

この話は言葉を年齢によって変えますが、必ず講演の中でする話です。小学生も中学生も、どの子どもたちの心にも強く突き刺さる話のようで、「感動しました。これからは自分の体を大事にします」と、たくさん感想をいただく話の一つです。

9 肩こりがつらい、ニキビ予防、身長を伸ばすコツ

こんな話にも正論で答えます

思春期は、それまで親にべったりだった子が急に親を突き放すような態度になり、親子での会話が減ってしまうことも多い時期です。そんな時期に子どもが何を考えているのだろうと思うかもしれませんが、中学生から性のおはなし講演会に向けてこんな質問をもらいます。

「肩こりがつらいです」

「冷え性なんですがどうしたらいいですか?」

「ニキビ予防はどうしたら良いですか?」

そして必ず、どの時代もどの学校に行っても必ず出る質問は、

「身長を伸ばすコツを教えてください」

です。中には、「女の子は月経が来ると身長が伸びないと聞きましたが本当ですか？」と、かなり同じ質問の内容でも詳しく内容を掘り下げてくる子もいます。確かに月経が来ると、骨が子どもの骨から大人の骨に変わる、つまり骨端線という身長が伸びることに関係した部分が働きを止めてしまうので、身長の伸びが緩やかになり止まっていきます。

この身長に関しての質問が必ず出るのは、中学生ぐらいになると周りから自分がどう見られているのかが気になるようになったり、自分はどうなりたいかのイメージを目に入る情報の中に追い求めるようになるので当然といえます。

そしてこれらの質問の答えは何かといえば、肩こり、冷え性、ニキビ予防、身長を伸ばすなど、どのテーマにおいても、10代の若い人たちに対しては「**規則正しい生活、バランスの良い食事、適度な運動を大事にすること**」に行き着きました。

これは決して私の逃げではなくて、様々な情報を吟味していったことでたどり着いた答えです。この答えを講演の中で伝えると、中学生たちは必ずちょっと残念な顔をしますけどね。

性教育というと、月経や射精などの話しかしないように思いますが、まえがきにも書いたように、自分が生きていくことに関係することはすべて性教育に入ると思っています。だから、中学生の子どもたちが素直に自分の体に対して興味を持って質問してくれることに対しては、一生懸命考えたり調べたりして答えていますし、これからも答えていきたいと思っています。それが子どもたちの性をさらに豊かに育てていくと信じて。

ちなみに、私が中学生だった30年前と比べると、食べ物が豊富にありすぎるからこそ食べることに関心が薄くなってしまっていたり、スマホやゲームの発展で大きく体を使って遊ばなくなったり、夜更かしをして生活リズムが乱れたりしがちです。これらのために体の不調が出る子どもたちが多くなっている気がします。

子どもが何か不調を訴えたときには、今一度、毎日の生活を見直していただけたら嬉しいです。

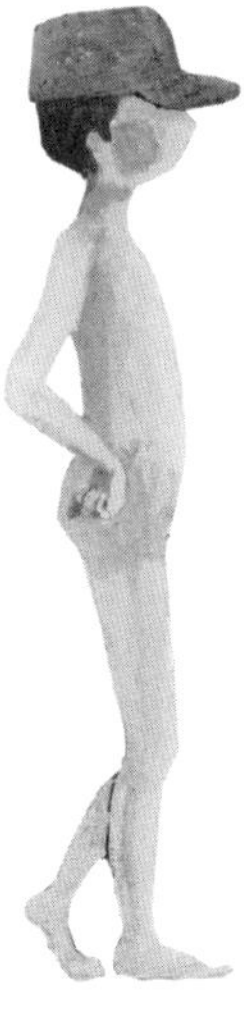

10 一生おたふくにならない人もいますか？

感染症と母子感染と予防接種の話

以前にこんなお母さんに会ったことがあります。赤ちゃんが生まれる予定日が迫っていたある日、上のお子さんがおたふく（流行性耳下腺炎）になったといって病院を受診してきました。確かにそのお子さんはおたふくでした。

連れてきたお母さんに「あなたはおたふくになったことがあるのですか？」と聞くと、「多分なったことはないと思います」とのこと。もしもお母さんの答えが本当なら、上のお子さんからお母さんはすでにおたふくをもらっているはず、と思いました。

受診の次の日、お母さんは陣痛が始まり赤ちゃんを産みました。おたふくは2週間の潜伏期間という感染しても症状の出ない期間があります。おたふくに感染しているかもしれないお母さんに生まれた赤ちゃんを渡すことは、赤ちゃんにまた感染させてしまうことになるので、お母さんに抱っこしてもらうことは避けて赤ちゃんを隔離することになりました。赤ちゃんが生まれてから3カ月以内に感染症にかかるということは、とても重症になる危険性があるからです。

お母さんはそれから4日後に、赤ちゃんを置いて退院していきました。赤ちゃんはおかげで無事でしたが、お母さんは上のお子さんがおたふくになってからちょうど二週間後におたふくになりました。お母さんは耳下腺が腫れただけで、その他あまり重症にはならなかったので良かったのですが、結局お母さんがおたふくになってしまったことでさらに2週間赤ちゃんに会うことができなくなりました。お母さんが赤ちゃんを抱っこすることができたのは、生まれてからちょうど1カ月後のことでした。

このおたふくの話以外にも、妊娠中に風疹にかかってしまった、りんご病にかかってしまった、尖圭コンジローマになってしまった、出産直前に水ぼうそうになってしまった、性器ヘルペスになってしまった、などの現場に立ち会ったことがあります。

これらの病気は、すべて感染症です。中には赤ちゃんの命に大きく関わってしまうものもあり、生まれた赤ちゃんを引き受けてくれる病院を探して、救急車で二県も飛び越えて赤ちゃんを運ばなくてはならなかったこともありました。

私の母は実際に一歳ごろ、麻疹にかかって死にそうになったと話してくれたことがあります。私たちの母が子どものころの時代は、そう遠い昔ではありませんが、予防接種がなかったために、小さいころに命を落としてしまった子どもも少なくありません。

今の時代は予防接種も義務化され、ほとんどのものが公費助成の対象となっていて、つまり自分がお金を払わなくても受けることができます。おかげでほとんど目にすることもなくなった感染症もあります。周りでおたふくが流行らなかったために、一生おたふくにかからないで終わることもあるでしょう。

ただし感染症の怖さは、予防接種がなかった時代も予防接種がある現在も変わってはいません。天然痘（てんねんとう）という感染症は日本では撲滅することができましたが、今年はまたさらに新型コロナウイルス感染症というものが入ってきましたよね。人間と感染症の戦いは常にいたちごっこといえます。

産婦人科の医師として、**予防接種のある感染症はきちんと予防接種をしていただきたい**と思っています。それは感染したときに思わぬ重症化をして、命に関わったり後遺症が出たりしてしまう可能性があることももちろんですが、妊娠中や出産のときにお母さんがそれらの感染症にかかることによって、自分が大事に育んできた小さな命を危険にさらすことになり得るからです。そして、どうして自分は予防接種をしておかなかったのだろう、どうして自分がその感染症にかかっていなかったことを放っておいたのだろうと、一生後悔するようなお母さんを作りたくないからです。

特別名前のつかないような風邪であっても、感染症は感染症です。何がどう影響するかは100%わかりません。

まずは、感染症にかからないようにすることをもう少し真剣に考えていただきたいと思います。

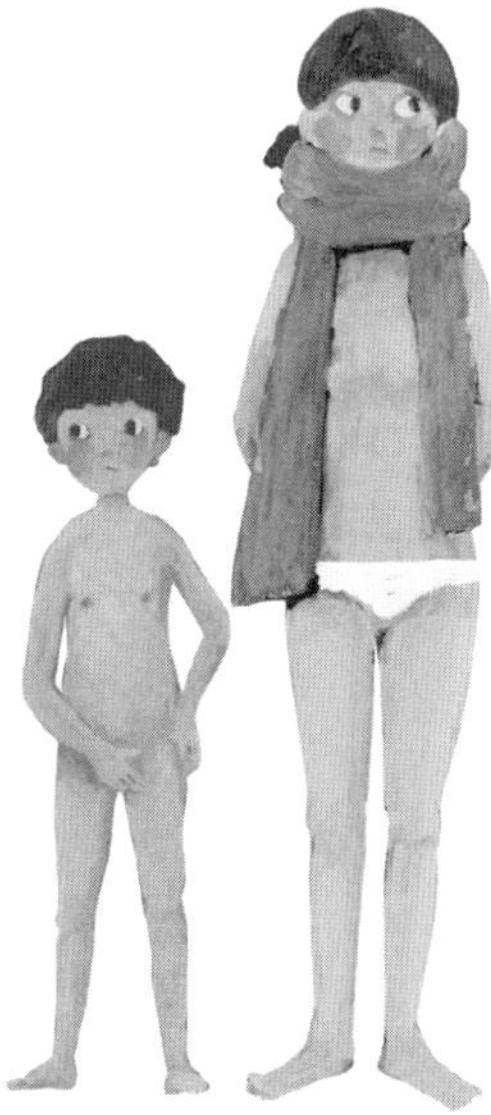

②章

女子に多い質問

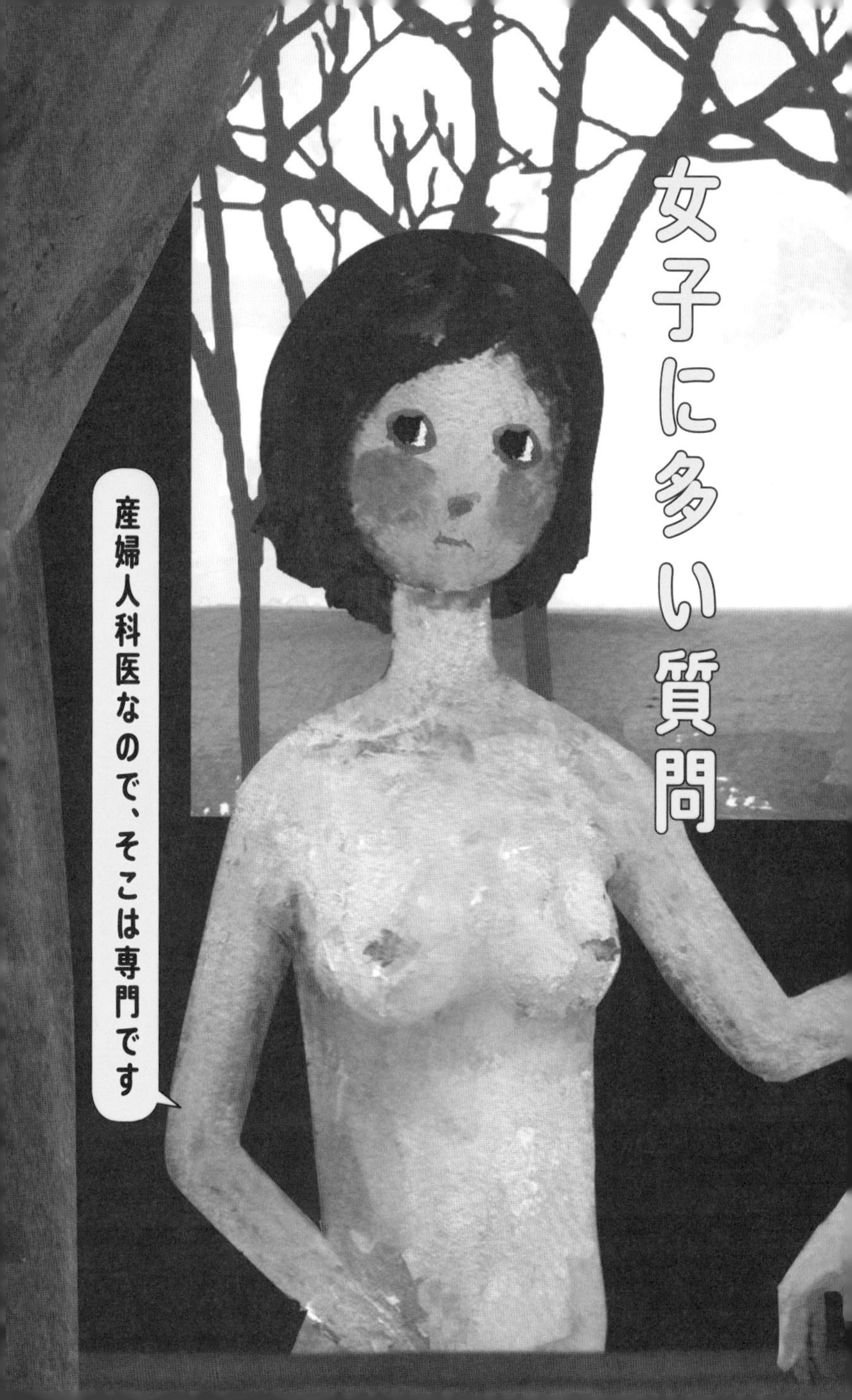

小学校や中学校に行って性のおはなし講演会をすると、話に対する反応や感想は断然男子より女子の方が大人です。これは、二次性徴が男子よりも女子が年齢的に早く始まることからも当然のことではあります。講演をしながら会場の様子を観察していると、女子の多くが講演会でどこか浮き足立った男子を冷ややかな目で見ている場面をよく目にします。

性教育というと、30年前に中学生だった私たちの年代では、男女別に授業を受けることが普通でした。でも今は、男女が同じ教室で同じ内容の性教育を受けるのが当然になっています。

ある中学校の取り組みで、男女一緒に講演会をした後、あえて男女が別々の教室に分かれて男子には男の先生、女子には女の先生と私がついて、異性の前では聞けなかった性のぶっちゃけ相談会をしています。これがまたとても面白い質問が出てきます。女子は男子のことを冷ややかな目で見ているのですが、男子より大人である分、実は性に関しての質問や疑問をたくさん抱えているのです。

この章は、思春期女子からもらうよくある質問から驚くような質問まで、いろいろ取り上げましたので、ぜひ読んでみてください。

11

デリケートゾーンのにおい、色、毛について

すっぱいにおいは当たり前

「最近おりものがすごく酸っぱいにおいがするのが心配です」

これは高校生になるとよくもらう質問です。実際に診察室でも、高校生以上の若い女性が多く相談に来る内容でもあります。

高校生の女の子が勇気を出して産婦人科の診察に来てくれる場合、このおりもののことだけでなく「おっぱいの大きさが左右で違うのが心配」「自分の陰部の形がおかしいのが心配」などの相談を受けるのですが、どうして心配になったかと聞くと、たいていの女の子は「彼氏におかしいと言われた」と答えます。

普通おりものの匂いやおっぱいや陰部の形などは、他人と比べる機会がないですよ

ね。自分の体が自分にとっては普通と思っているのに、しかも大好きな彼氏から「おかしい」と言われれば、誰でもとても心配になります。

講演会の感想にまぎれて相談してくる場合には、実際にどうなのかを確認することができないので、一般的なことだけお返しして終わりますが、**「彼氏におかしいと言われた」という理由で診察に来る高校生たちの診察結果は、まず100%病気ではありません。**

おりもののすっぱい匂いの正体は、膣の中にいるデーデルライン桿菌（かんきん）です。これは乳酸菌の一種なので、すっぱいにおいを出します。この菌が膣の中に住んでいることで、外から余計な菌が入ってくるのを防いでくれています。それが月経周期の中でおりものが多く出る期間であったり、下着やおりものシートについたものが乾燥したりすることですっぱい匂いが強く感じることがあります。

だから、このすっぱい匂いを気にして膣の中を自分で洗浄しすぎると、デーデルライン桿菌が死んでしまい、かえって外からの余計な菌が膣に入ってきて膣炎を起こし、嫌な匂いを出すことになります。

おっぱいの形や大きさ、陰部の形などは非常に個人差があります。今までに見てきた何万人もの女性のおっぱいや陰部の形で同じ形は見たことがありません。つまり千差万別ということです。また私たちの体は左右が対象にできていません。左右で形が違ったり大きさが違ったりすることは普通です。

おまたの毛に関しても、頭の毛のように縮れ毛だったり直毛だったり薄かったり濃かったり、また年を取るにつれて白くなってくる様子など、非常に個人差のある部分だと思います。

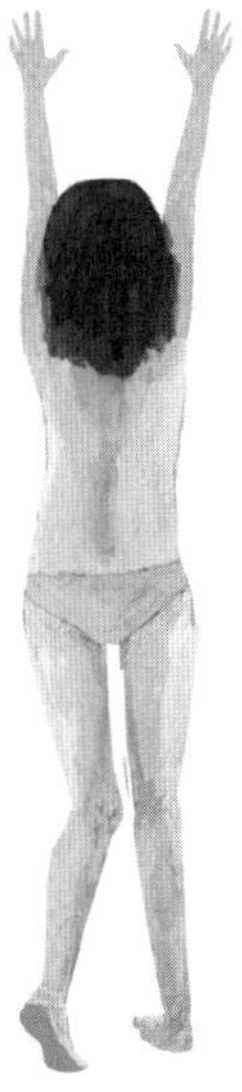

12 月経が重い人ってどういう人？

子宮筋腫と子宮内膜症、原因は月経の回数

「月経が重い」ということを、診療の現場では月経困難症といいます。月経の出血量がとても多いことや、月経痛が強くて日常生活に支障をきたしてしまうことを指します。

月経の出血量が人に比べて多いというのは、他人と比べることがないものなのでわかりにくいことですが、レバーのような血のかたまりが出る人は出血量が多いと思ってください。また、月経が来ると寝込んでしまって、毎月学校を休まないといけなくなるというのは、月経が重いととらえてよいでしょう。

月経が重くなる女性の病気は主に二つあります。一つは**子宮筋腫**、一つは**子宮内膜症（子宮腺筋症を含む）**です。

子宮筋腫とは、子宮に良性のこぶ（腫瘍）が出来ることです。出来る個数や大きさはひとそれぞれですが、30代になると3人に1人は持っているといわれています。よく「母親が子宮筋腫があったので心配になってきました」という方がいますが、30代になると3人に1人はあるという事実からすると、よく目にする病気なので、子宮筋腫は遺伝すると思われがちなのだと思います。10代で子宮筋腫が出来ている人は今までにお会いしたことがありません。

月経の出血は子宮がギュッと縮むことで止まるといわれています。だから、子宮筋腫のようなこぶが出来ると子宮がいびつになってしまい、均等に子宮が縮むことができないので、出血が止まらずに量が多くなってしまったり、より強い力で縮まないと出血が止まらないので痛みが強くなったりしてしまいます。

子宮内膜症は簡単に説明するなら、子宮の内側を覆う子宮内膜という部分が、本来の場所ではなく、卵巣やお腹の内臓を包む膜や子宮の筋肉の中などにできる病気です。子宮内膜は毎月月経の出血を起こす部分なので、月経が来るたびに卵巣の中に出血が溜まって卵巣が腫れることで腹痛を起こしたり、子宮の筋肉の中に出血をして子宮の形をいびつにして出血量を増やしたり月経痛を強くしたりします。お腹の内臓を包む膜に出血をすると、出血した部分が接着剤のようになって周りの内臓をくっつけるので、お腹の中に癒着やひきつれを起こして、セックスをするときに痛む性交痛やうんこをするときにお尻の穴の奥の方が痛む排便痛につながります。10代のうんと若い人でも月経痛の強い人は将来的に子宮内膜症を発症するリスクがあるといわれています。

実はこれらの病気は、月経の回数が多くなれば多くなるほど出来ていきます。私たちのおばあちゃんの世代は10代のうちから子どもを産み始めて、一生のうちに8人などたくさんの子どもを産みました。妊娠している間は月経が来ないので、おばあちゃんたち世代は一生のうちに経験する月経は50回ほどだったといわれています。それが今私たちは、子どもを産み始める年齢も遅く、子どもを1人か2人しか産まない人が多いです。ですので一生のうちに経験する月経は250回にも及ぶそうです。だからおばあちゃんたち世代は子宮筋腫や子宮内膜症の悩みを持つ人が今よりも少なかったのです。

いずれにせよ最初でお話ししたように、月経中に日常生活に何か支障をきたすようなことがある場合には、早めに産婦人科を受診して相談してください。

特に月経痛に関しては、痛み止めを飲みすぎると効かなくなるといって、痛み止めも飲まずにド根性で乗り切っている方がいますが、本当にそれは聞いているだけで切なくなる嘘の都市伝説なので、早めにご相談ください。

13 月経痛のある人とない人の違いって何？

月経痛の予防法と対処法

「月経痛のある人とない人の違い」

この質問はなかなか難題です。産婦人科医が抱える永遠のテーマかもしれません。

この話より前に「月経が重いとはどういうことなのか」というお話をしましたが、その中で月経を重くする女性の代表的な病気二つをご紹介しましたね。それは子宮筋腫と子宮内膜症でした。確かにこの二つを持っている人は月経痛が強くなりやすいですが、必ずしも持っているからといって月経痛が強いとは限りません。実際に私も子宮筋腫がありましたが、月経痛を感じたことはほとんどありませんでした。

では何が月経痛を起こすのかと考えたときに、一つは「**精神的なもの**」があると思います。

その女性にとって月経が心の底から受け入れられないものであったり、月経で嫌な思いを経験したことがあったりすると、月経痛が出やすいと思います。だから、女のお子さんをお持ちの方に注意していただきたいのは、お子さんが思春期になって初めて月経を迎えたときに、決してお子さんに向かって「面倒なものが来ちゃったね」というような「月経に対して否定的」な言葉や態度をしないようにしてください、ということです。子ども心に自分が月経を迎えたことで親に迷惑をかけたという気持ちをすり込んでしまうからです。そうすると月経が来るたびに罪悪感が生まれ、月経はただ辛いものになってしまいます。

できればもうすぐ初潮（初めての月経）を迎えそうな年齢になったら、かわいい生理用ショーツやかわいいナプキンポーチなどを一緒に買って、お子さんとワクワクした気持ちで初めての月経を待っていていただきたいなと思います。

産婦人科の外来では、月経痛で相談に来る人がなんといっても一番多いので、実際に現場で産婦人科医がすすめる月経痛の上手な乗り切り方をお教えします。

まずは**体を冷やさない**こと。そして**普段から適度な運動規則正しい生活を心がけ偏りのない食生活をする**こと。**好きなことをしてリラックスする**こと。あとは**痛み止めなどの薬を上手に使う**こと、になります。

体を冷やさず適度な運動をすることは、お腹の中の血行も良くするので、子宮や卵巣の働きを良くします。お腹の血行を良くすることは子宮筋腫などの予防にも役立ちます。

規則正しい生活をすることは、私たちの体を常に良いバランスで支えてくれる自律神経の働きを良くします。自律神経が乱れるとホルモンバランスが乱れるので、月経痛だけでなく月経不順などにも影響が出てきます。

また、月経中だというだけでとてもストレスを女性は感じます。ストレスを解消しようとして甘いものを食べると、お菓子の中の白砂糖が体を冷やします。食べ物一つで体が冷えたり温まったりするのです。だから、普段から自分の体の特徴をよく知って食べ物を選んだり、何かに偏って食べ過ぎたりしないようにしたいですね。

月経中はどうしてもイライラしたり憂うつになりがちなので、あえて自分の好きなことをたくさん選んでやることで気分の不安定さを和らげてくれます。イライラや憂うつ気分がかえって痛みを強くすることもあります。

最後の痛み止めですが、よほど痛くなってから痛み止めを飲んでも、たいして痛みを消してくれません。痛み止めは飲みすぎると効かなくなる、市販の痛み止めは弱い、ではなくて、痛み止めは十分頑張ってくれているのですが、戦う相手が大きくなりすぎていて効かないと思われているだけです。痛み止めは本気で痛くなる前に飲む、あるいは痛くなるのがわかる日はたとえ出血がまだ始まっていなくても痛くなる前から飲む、という使い方がとても有効です。痛みが出てきそうに感じたときから、一番痛い日が終わるまでは5時間おきくらいに痛み止めを使うと楽に過ごせると思います。一番痛い日が過ぎたら痛みが気になったときだけ飲むようにしてみてください。

痛み止め以外に月経を楽にするお薬の代表としては、漢方薬や月経にまつわるつらい症状を和らげてくれるためのピルがあります。月経痛が辛くて毎月月経が来るのが憂うつに感じる人は、ぜひ早めに産婦人科にご相談ください。

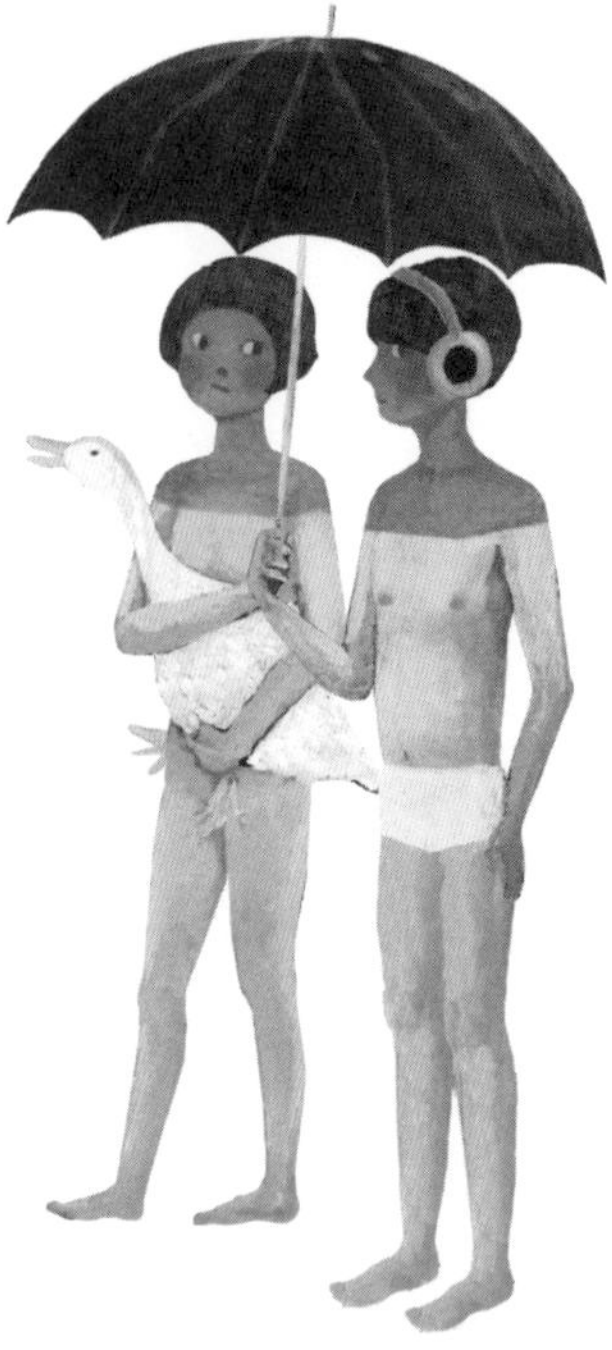

14 ピルって何？

月経と上手につきあうための薬

どんなにストレスがかかる状況にいても月経が遅れることもなく、月経痛もほとんど感じたことがなかった私。でも40歳になったある日、こんなに良い薬があるのなら若いころから試してみればよかった、と悔やんだことがあります。その薬が**ピル**です。

産婦人科医でありながら、自分の月経の量がとても多いことをほったらかしにしていました。というよりは、気にしていませんでした。お腹も痛くないし、自分がトイレに行くタイミングさえ間違わなければいいから、くらいに思っていました。でもその考えが間違っていたことに、36歳で結婚したときに気づいたのです。

どのぐらい量が多かったかというと、夜用ナプキンでは楽々眠れないので介護用の穿くタイプのオムツを穿いて寝たい、それでも寝返りはしたくない、というほどでした。

このとき私には子宮筋腫が出来ていました。そのために月経の量が30代に入ってから徐々に多くなっていき、結婚後は自分が思ったように赤ちゃんが授からないことで悩むことにつながるのです。

今、日本にはピルというお薬があります。女性ホルモンが入っているお薬です。その人の女性ホルモンのバランスを、月経が楽になるように整えてくれるお薬です。細かくいえば、ピルには2種類あり、避妊を大きな目的にしている保険のきかないピルと、月経にまつわる症状を楽にしてくれる保険のきくピルとがあります。

中学2年生で、1カ月に2回も月経が来る上に毎回月経痛が辛くて学校を1週間位休んでしまうという悩みがあり、お母さんと一緒に病院に相談に来た方がいます。1カ月の半分は月経のために学校を休んでしまっているような状態になっていましたので、迷わずピルを処方しました。その後彼女は、月経が1カ月に1回来る周期に整い、月経の量も少なく月経痛も軽くなって学校を休まなくなりました。

ピルは今ある月経にまつわる症状を軽くしてくれるだけではなくて、子宮筋腫や子宮内膜症などの病気ができるのを予防してくれる薬でもあります。子宮体がんや卵巣がんを予防することもできます。また月経周期を自分でコントロールすることができ

るので、月経が当たってほしくない行事を上手に避けることができます。自分が望んだ時期に妊娠をすることも可能になります。

長期的なピルの良さがピンとこない人には、ピルを上手に活用して社会的に活躍した女性の例を出して説明をすることがあります。その女性はピルを利用してトップアスリートとして結果を出し、引退直後に結婚そしてすぐに妊娠、という女性にとっては理想の人生を歩んでいます。その女性とは、全日本女子サッカーの元代表選手の澤穂希（さわ・ほまれ）さんです。

生理の1週間前ごろから体の不調があるPMS（月経前症候群）や、中でも特に気持ちの面で不安定になるPMDD（月経前不快気分障害）にもピルは役に立ちます。ピルを含めて普段何気なく飲んでいる飲み薬、すべての薬にはよくある副作用と、めったに起こらないけれども少し重い副作用とあります。きちんと産婦人科の病院で副作用についての説明を聞いてもらえば、ピルが特別怖い薬ではないとわかるでしょう。ご興味のある方はぜひ一度ご相談になってみてください。

15 どんな時に病院に行くべき？

ケースごとに目安があります

「他人と比べたことがないので、よくわかりません」

産婦人科の診察室でよく聞く言葉です。

これは、「月経痛はいつもどんな感じですか？」「月経の量は多いですか？」など、こちらから普段の月経について質問したときに返ってくる答えです。確かにその通りです。

とくに月経の出血の量に関しては、自分が少ないのか普通なのか多いのかという判断は、自分だけではできないでしょう。なぜなら月経は毎月来るものなのに、その月経の量が多いか少ないかの判断が、お母さんから娘へ伝えられることも滅多になく、さらに学校では決して教えてくれないことだからです。

今の若い人はほとんどがスマホを持っていて、わからないことがあるとすぐに調べることも多くなったので、誰かに教えてもらわなくても20年前に比べると自分の様子に不安を持って、自発的に病院に来てくれる方が増えているのではないかと思います。

でも、なんといっても月経に関しては、自分の普段が自分にとっては普通、と思うものです。ですから、こちらが根掘り葉掘り聞いたときに、初めて自分の月経が他人と違って治療しなくてはいけないくらいなんだ、と気がつく人が多いです。

私は子宮筋腫で手術をした経験があります。月経直後に健康診断があると血液検査で貧血がわかるほどだったのに、自分の月経の量が多くて何か病気を持っているのではないかと疑って診察を受けに行くまでには、何年もの時間がかかりました。不妊治療というきっかけがなければ、診察を受けに行かなかったかもしれません。

そこで、思春期の女の子の月経に関する悩みにはどんなものがあって、それぞれどんな時が病院に行きどきか、をお知らせします。

初経が来ない

初経の来るタイミングは、人それぞれです。小学校から始まる人、高校生になってから始まる人など様々です。特に痩せ気味の女の子は遅く始まることが多いです。

16歳になったときにまだ初経が来ていないようであれば、ぼちぼち病院に相談に行くことを考えてください。

月経になるとお腹がすごく痛い

近くで見ていて、明らかに月経になると動けない、寝込んでしまう、学校を休んでしまう、そんな様子があったら、ぜひ早めに月経が楽になるコツを聞きに産婦人科にいらしてください。月経痛にはお腹が痛いだけではなくて、微熱が出る、腰痛、頭痛、胃痛、吐き気、気分が落ち込むという症状が一緒に起こることがあり、それがつらいという人もいます。

月経がダラダラ続く

月経の出血がある期間は、3~7日間が普通です。2週間以上出血が続いていて止まる気配がない場合には、ぜひ産婦人科にご相談ください。

月経がバラバラ

初経が来てからまだそれほど年数の経っていない10代のうちは、1カ月に2回月経が来てみたり、2~3カ月に1回月経が来てみたりと、月経周期がバラバラになることがあります。これはお母さん世代と比べると、体の中の女性ホルモンの状態が落ち着いていないために起こります。20代まで来ると大体その人の月経の周期は定まって、25日~38日の周期になっていきます。

20代になってもこの周期に当てはまらない月経不順という人も中にはいます。いつ来るのかわからない月経にストレスを感じるようならぜひ産婦人科にご相談ください。

月経が来なくなった

月経が終わってしまってもよい45歳以上の方に関しては、様子を見ていただいてかまいませんが、その他の月経が来ている年齢の人で急に月経が来なくなってしまったとき、3カ月待っても月経が再開しない場合はぜひ産婦人科にご相談ください。普段から手帳やカレンダーに月経の初日の印をつけておくと、遅れてしまっているのか、それがどのくらい遅れているのかがわかりやすいです。最近はスマホのアプリなどもあるので、それを利用して月経周期をチェックしてもよいですね。

月経血の量が多い／少ない

月経のときにレバーのような血のかたまりが出る人は、月経の出血量の多い人と思ってください。以前に比べると月経の出血のある日数が極端に少なくなったり、一回の出血の量が少なくなってしまって気になる方はぜひ産婦人科にご相談ください。ただし、10代のうちは体の中の女性ホルモンの状態が落ち着いていないため、量が少ないことはよくあります。

月経前になるとイライラ／気分が落ち込む

これは前にも少し書きましたが、PMS（月経前症候群）、PMDD（月経前気分不快障害）のことを指します。月経前のホルモンバランスの関係で、すべての女性に気分の浮き沈みは必ずあります。以前、月経前になるとイライラして家の中で包丁を振り回すという人の話を聞いたことがありますが、そこまでいかなくてもとてもつらいなぁと思ったら、ぜひ産婦人科にご相談ください。

16 月経はいつ終わる？

閉経と妊娠適齢期の話

女性の月経は必ず始まりがあり、そして終わりがあります。月経が終わりを迎えることを「閉経」といいます。前の月経から12カ月間月経が来ないことを確認して、閉経を迎えたと判断します。

日本人の閉経年齢の平均は「46歳から52歳」といわれています。

月経が始まったことを小学生には「女性がお母さんになれる状態になったということ」と説明していますから、月経が終わることはつまり、女性にとって妊娠のお役目が終わりになる状態になることと同じです。

もちろん40歳を過ぎたと思ったら早々に月経が終わってしまう人や、55歳になっても月経がある人もいます。40歳よりも前に月経が終わってしまう人を早発閉経といいます。閉経とともに出なくなっていってしまう女性ホルモンは、本来女性の健康を守ってくれる強い味方です。なので月経が終わってしまうと、女性は骨粗しょう症や高脂血症や脳卒中など、さまざまな病気が出てくるリスクが高まります。閉経した方は、産婦人科の病院に相談に行きながら、自分の体の健康管理に気を配ってください。

閉経とは妊娠のお役目が終わりになる状態とお話ししましたが、実際には閉経よりも早く女性は妊娠しにくくなる年齢を迎えます。一般的には35歳を過ぎると、卵巣の働きがしだいに落ちていき、妊娠をする確率や妊娠しても出産までたどり着く確率が下がっていくといわれています。

ですから、将来赤ちゃんが欲しいなと思っているのであれば、結婚するしないは別として、自分の人生の中にしっかりと妊娠出産をするという計画を組み込んでほしいな、と10代の若い人には話をしています。ただし赤ちゃんを産んで育てるには、年齢だけではなくて環境が整っているのかという問題も関わってきます。仕事、住居、金銭的な面、パートナーとの関係、育児をサポートしてくれる存在などが、環境の中に入ります。

そういった問題もすべて含めて考えると、24歳から32歳くらいが「妊娠適齢期」といえるのかもしれません。これは一人の産婦人科医が、たくさんの妊婦さんに関わってきた中で出した、ごくごく個人的な意見ですので参考までにしてください。

17 妊娠できる人とできない人の違いは？

遺伝はしません

最初にお断りをしておきますが、妊娠できる妊娠できないは遺伝することはありません。質問を出してくれた中学生にもそう答えました。

私が医者になりたての20年前も、そして今も、赤ちゃんが欲しくても授かるのに時間がかかる女性はいて、その女性たちのための不妊治療がなくなることはありません。不妊治療は悪いことではありませんので、しているからといって他の人に引け目を感じる必要はありません。

私も2年間不妊治療をしていたことがあります。私が赤ちゃんが欲しくても授からなかった理由は、一つには年齢と一つには子宮筋腫があったためでした。子宮筋腫に関しては前から何度かお話しししていますが、月経の量が非常に多いことがわかっていながらほったらかしにしてしまっていた、という経緯があります。
35歳を過ぎると妊娠する確率が下がっていくこと。また、避妊をしないで夫婦生活をしたときに、1年後に妊娠という結果が出ない場合には不妊症を考えた方がよいということ。これらのことを私は知っていたので、36歳で結婚をして1年後に妊娠しなかった自分に対して、不妊治療が必要とすぐに判断して対処することができました。でももしもその情報がなかったとしたら、どうだっただろうかと、今思うのです。

女性にとって月経は、来てほしくないと思っても必ず始まって、一度来てしまえば毎月経験するようになります。閉経するまでに何百回と経験するこの月経について、女性が何も知らされないというのは、ひどい話だと思いませんか？ もっと自分の月経や月経が起きる体に興味や関心を持ったりしてもよいと思いませんか？ そして2〜3カ月に一回美容室に行って髪のお手入れをするように、子宮や卵巣についても定期検診をしたり、日々のケアをしてもよいと思いませんか？

私がお勧めするのは、**女の子は小さいときから婦人科医のかかりつけ医を持った方が良い**ということです。

女性は思春期、成熟期、更年期、老年期と、月経、もっと大きくいえば女性ホルモンとともに大きく人生が変化していきます。性の人生が穏やかに過ぎ行けば良いのですが、ときには大きな荒波がやってくることもあります。

それに上手に対処していくためにも、小さいころから自分のことを何でもよく知っていて、体の調子を見てもらうだけでなく、胸の内まで話せるような婦人科医のかかりつけを持つと、きっと性の人生の大海原に自由に漕ぎ出していけるオールの役割を果たすと思います。

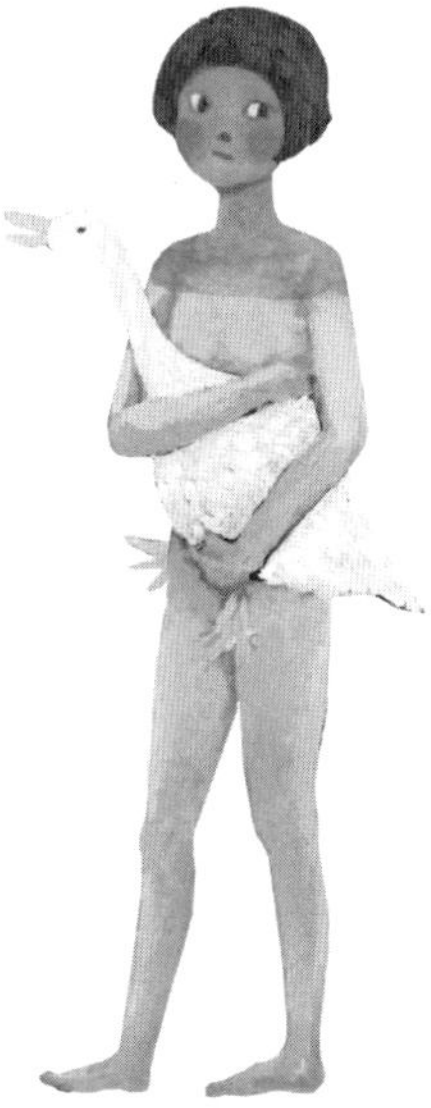

18 何歳でも子どもが産めるの？

月経が始まれば産めるが年齢によるリスクあり

高校生を対象に何歳から妊娠できるのか、何歳まで出産できるのかのアンケートを取ったことがあります。

何歳から妊娠できるのかの問いに対しては、ほとんどの人が10歳〜20歳と答えていますが、少人数で0歳〜10歳あるいは20歳〜30歳と答えている人がいました。

性のおはなし講演会の中で、平成10年から今までに人工妊娠中絶をした人が、私が今勤めている病院ではどのような年齢の人だったのかというデータを見せてお話しすることがあります。人工妊娠中絶を経験した一番若い年齢の人が小学校6年生だった話をすると、中学生も高校生もとてもびっくりして、会場が少しざわつきます。つまり、頭の中では0歳から10歳でも妊娠できると考えているけれども、実際はそんな人は身近にはいない、世界ビックリニュースのようなこと、そして自分は若いから性行為をしても妊娠しないと思っているのです。

ですから、「**女の子は月経が始まると妊娠します。何歳から妊娠できるのかはその人の月経の始まる年齢によって異なります**」と伝えます。

私が経験した10代の女の子の妊娠の結果としては、高校卒業が見えている17、18歳になっていれば出産を選ぶ人が増えてきます。現場ではごくまれに、中学生の出産にも立ち会います。中学生の出産は、すべての子が妊娠を周りの大人に告げることができないうちにお腹が大きくなり、人工妊娠中絶を受けられる期間を過ぎてしまったために出産を迎えたという状況でした。

今まで私が立ち会った10代の女の子の出産はみんな安産でしたが、一般的には10代の妊娠出産は、リスクが大きいといわれています。例えば、ホルモンバランスが不安定な時期ほど赤ちゃんの発達に影響があったり、お母さんの体への負担が大きいとされます。骨盤が十分に発達していないので、赤ちゃんにも母体にも負担になり、お腹を切る帝王切開での出産が増えるといわれています。10代の出産は35歳以上の高齢出産と同じくらい、妊娠出産の時期に死亡率が高かったり、早産や赤ちゃんがお腹で大きく育たない子宮内発育不全、妊娠中に血圧が高くなる妊娠高血圧症候群などの発症率が高いといわれています。

何歳まで出産ができるかという問いに対しては、高校生で一番多い答えは45歳から50歳でした。次に多い答えが55歳から60歳でした。ごくまれに海外からのニュースなどで70代で出産した、というような話を聞きますが、私が出会った方のうち自然に妊娠した人の最高齢は48歳でした。45歳を過ぎての自然妊娠は少ないと感じます。

前にも書きましたが、月経が終わる年齢と妊娠しにくくなる年齢には少しギャップがあります。いつまでも妊娠できると思っていると、自分の思ったように妊娠できない状況に立たされたり、妊娠出産にリスクがある高齢出産になってしまったりします。

ということで、**妊娠は何歳から何歳までが可能なのかという情報は、若いうちに伝えてあげたい情報の一つ**だと思っています。

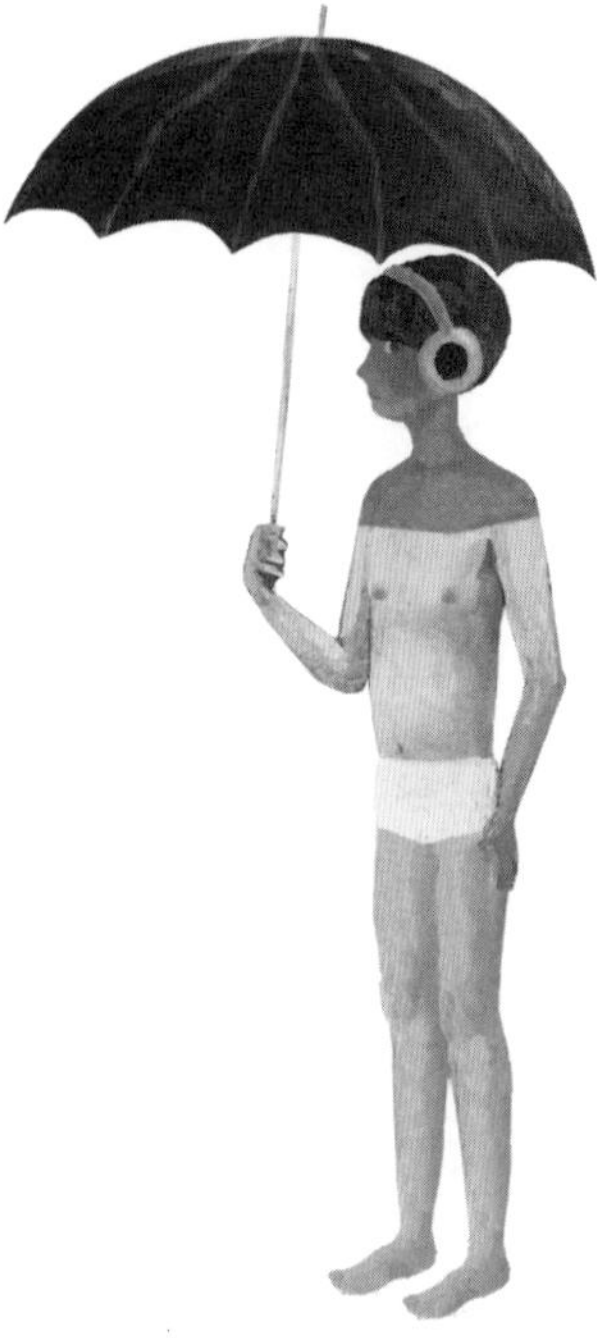

19 なぜ流産するの？

染色体異常が一番の原因

思春期の女子は妊娠出産にとても興味があるころです。妊娠しても流産することがあるということを、中学生で知っている子はいます。特に漫画やドラマで目にしたのかもしれません。お母さんから「流産を経験した後にあなたは生まれてきてくれて、すごく嬉しかったんだよ」という話を聞いているのかもしれません。

そんな子どもたちから、

「なぜ流産するの？」

という質問をもらうことがあります。

地球上にいる動物の中でも、人間は流産の確率が高い動物だといわれています。

しかもその流産の確率は約10分の1で、日本人で花粉症の人の確率と同じですから、珍しいことではないなと感じてもらえると思います。

流産をしたという経験は女性にとって、一生忘れることのできないとてもナイーブな部分にふれることなので、なかなか人に聞くことのできる話ではないのですが、思い切って職場のスタッフなどに聞いてみると、やはり流産を経験している人は結構いるなぁと感じます。

人間の赤ちゃんが流産になってしまう一番の原因は、赤ちゃんの染色体に問題があるためだといわれています。とはいえ、全く原因がわからないことも多いです。

染色体というのは、私たちの体を作る設計図のようなものです。そこに、元気に大きくなって生まれてくることができないプログラムが組み込まれていれば、流産をすることにつながります。誰が設計するのかといえば、それは神様です。この設計図を私たちが設計したり、設計を変更したりすることは、決してできないということです。

なぜ流産するのか？　産まれてきても育つことのできない赤ちゃんは、お父さんやお母さんの悲しみが大きくなりすぎないように自分で決断をして、お腹の中で亡くなるのかもしれません。でも、産まれてからすぐに亡くなるとわかっていながら、お父さんやお母さんに顔を見せに来てくれる頑張り屋さんの赤ちゃんもいます。流産になったり赤ちゃんが産まれてすぐに亡くなってしまう病気を持って産まれてきたりするのは、お父さんやお母さんに何かメッセージを伝えたいのだろうな、と思わずにいられません。

何はともあれ、**お母さんの卵子とお父さんの精子が出会って、元気に生まれてくる確率は、精子の立場からすれば、約3億分の1の確率**になります。日本のどんなに難関といわれる学校に合格するよりも大変な確率です。

だから、少し自信を失いかけている子どもに出会ったときは、「あなたは産まれながらにものすごい競争に打ち勝って産まれてきたんだよ。世界で一番自分は凄いと思って、他人と自分を比べなくてもいいんだよ」と声をかけることにしています。

20 満月の時に出産が多い？

科学的には未実証だが

中学生にしてはなかなか事情通だな、と思う質問をもらいました。

「満月の日にお産が多いのですか？」と。

確かに満月や新月の日には出産が多い印象があったので、色々と調べてみることにしました。

まず女性の月経にも、「月」という言葉が入るように、月経の周期は月の満ち欠けの平均周期約29日と一致します。妊娠から出産までの平均妊娠期間は約256日で、月の満ち欠けの平均周期の約9倍になっています。

私たちの体の中は約6割が水分で出来ています。満月の時は、太陽、地球、月が一直線上に並ぶことで、地球に及ぼす月の引力の影響が最も強くなるために、海では大潮を迎えます。水分が多い私たちの体、そして、赤ちゃんが過ごす子宮の中は羊水という水に満たされていますので、この影響を受けて出産が始まるのでは、とも考えられてきました。

日本だけでなく、世界中で「満月の日に出産が多くなるのでは？」と感じている人は多いようで、たくさんの研究が行われてきました。でも実際に研究してみると、人間の出産に関して満月の日にお産が増えるということを、科学的に実証することはできませんでした。唯一満月の日に出産が増えるのがわかったのは、ウシだけだったといいます。

「そうなのか。満月の日に出産が多いと感じているのは偶然だったのかな？」

と考えていたところ、

「いやいや先生、あながち満月と出産が関係ないわけではないと思いますよ。うちの病院は満月の1日前と3日後が多いという結果が出てますから」

と声をかけてくれたスタッフがいました。それはなんと、患者さんのご飯を作ってくれる調理師でした。満月フィーバーがやってくると、ひと晩で何人も出産入院の人が増えるので、統計を取って本当に出産が増えるのかを確かめて、それに合わせて食材を多めに用意したりしていてくれたようです。

科学的には実証されていませんが、今も満月新月の日とその前後2~3日や、低気圧で天候が大きく崩れる日はやっぱり出産が多くなるな、と感じながら、出産に立ち会っています。

21 出産ってどのくらい痛い？

個人差が大きい

「出産はどのくらい痛いのか？」

これは思春期女子に限らず世の中の女性が、全員一度は考えることかもしれませんね。

昔からよくいわれている話としては、

「鼻からスモモ、口からスイカを出すくらい痛い」

「障子の桟が見えなくなるくらい痛い」

「男性なら一瞬にして気を失うほど痛い」

などがあります。この例え話を性のおはなし講演会の中で出すと、特に中学生の女の子たちは「ひゃー」とか「げー」と声を出して、びっくりしたような顔をして女の子同士目を見合わせたりします。

では実際どのくらい痛いかというと、出産が終わったばかりの人たちに聞いてみれば、「思っていたより痛くなかった」と言う人もいたり、思っていたより痛すぎたのでしょう、「もう絶対産まないからね」と言って立ち会っている旦那さんを殴りつけている人もいます。

痛みの感じ方にはとても個人差があります。日常生活を見てみても、相当痛そうな怪我をしているのに平気そうな様子の人もいますし、ちょっとの怪我をものすごく大げさに痛がる人もいますよね。ですので簡単に「出産は痛いんだよ」とは言わないようにしています。

中学生の性のおはなし講演会では、出産についての話の中で、実際のお産の様子を音声で聞いてもらっています。それまでざわついていた会場も、この音声が流れ始めると急にシーンと静まり返ります。

また、帝王切開での出産についてもこんなお話をします。

「帝王切開といってお腹を切って出産をするお母さんもいます。昔お侍さんがいた時代は、切腹というものがありましたが、お侍さんにとって切腹は人生に一回きりのこと。今のお母さんたちは赤ちゃんのために二回も三回も切腹してくれていると同じなんだよ」

と。

講演会の中で出産はごく一部の話でしかありませんが、講演の後で感想を聞いてみると、必ず1割くらいの中学生が「お母さんは大変な思いをして自分を産んでくれたのだとわかった。今自分がここにあることをお母さんに感謝したい」と答えてくれます。

出産の様子は、100人いれば100通り違うものです。同じお母さんが出産するからといって、前と同じ出産にはなりません。一つ一つの出産に大きなドラマがあります。たとえどんな状況であっても、出産はお母さんにとっても赤ちゃんにとっても命がけです。立ち会っている私たち病院側のスタッフもそのドラマの一部を見ています。一緒に涙したり笑ったりします。そして、どの出産に立ち会っているときでも、出産してくれるお母さんたちがこの先も元気でありますように、生まれてきた子どもたちすべてが幸せになりますように、と祈らずにはいられません。

「出産はどのくらい痛いのか？」

その痛みがいつか良い思い出になったときには、痛みを忘れていくものなのかもしれません。

22 性交しないで妊娠する方法ってある？

体外受精や人工授精の話

男女がセックスをしないで妊娠をする方法は、「**人工授精**」や「**体外受精**」といわれる方法によるものです。

人工授精は、男性の精子を女性の子宮に医師によって注入する方法です。

体外受精は、男性の精子と女性の卵子をそれぞれ体の外に取り出して、受精させたものを女性の子宮に戻す方法です。体外受精の中には、顕微鏡の下で一つの卵子と一つの精子を受精させる「**顕微授精**」という方法が含まれます。男性や女性の様々な理由で、セックスをすることでは赤ちゃんが授からない人たちのための方法になります。

人工授精や体外受精での妊娠は、滅多にあることではないと思われている人もいらっしゃるかもしれませんが、日本で１９８３年に初めて日本で体外受精の赤ちゃんが生まれてから、年々その数は増えています。２０１７年には、この年に生まれた子どものおよそ16人に１人は体外受精による妊娠だったという結果が出ています。

自然に妊娠することはできるのに、はじめての妊娠から2回続けて子宮外妊娠になってしまい、左右両方とも卵管を切除することになってしまった女性がいました。卵管は精子と卵子が出会って受精するための大事な場所です。卵管がなくなってしまったということは、自然のセックスでは妊娠することはできないので、その女性は体外受精を利用して、その後二人の赤ちゃんを出産しました。

まだ結婚すらしていない20代という若さで乳がんがわかった人がいました。がんの治療のために卵巣がダメージを受けてしまうことがわかっていたため、治療の前に卵子を保存しておいてはどうかとすすめて、その通りにしました。がんを克服した将来、好きな人ができたときには体外受精を利用して妊娠をする希望が持てたことになります。

精巣では精子が作られているのに、射精をするとその精液の中には精子が出てこないという男性が、精巣の中の精子を取り出し顕微授精を利用して、子どもを授かったという人もいます。

このように、1983年までは子どもをあきらめなければならなかった人たちが、人工授精や体外受精によって子どもを授かれるようになりました。

なんて良い方法なんだ！と思う人もいるでしょう。ただし中には、人工授精や体外受精を利用した妊娠は、自分の子どもでないような感覚がするので、そこまではしたくないという人もいます。


結婚するなら入籍するのかしないのか、子どもが欲しいのか欲しくないのか、子どもが欲しいなら何人欲しいか、もしも妊娠するために医療の力を借りる必要があるならどこまで力を借りるか、考えは個人によって異なります。

まずはそういったことを夫婦でしっかりと向き合って、自分たちはどうしていきたいかを話し合うことが大事なことかなと思います。

23 コンドームを使わないで避妊する方法って？

完璧な避妊方法は「性交しない」こと

今から30年前、私が中学生のころです。

夏休み中に上級生たちが、冗談でコンドームに水を入れて水風船代わりに遊んだ残骸が校内に落ちていたという事件が発生し、夏休み明けに先生たちが戦々恐々としていた様子を今でもよく覚えています。私はまずコンドームが何なのかをよく知らなかったので、先生たちがどうしてそんなに騒いでいるのかの意味がわかりませんでした。

30年前も今も変わらず、中学生は妊娠には興味があるものの、避妊に関してはあまり興味がない、というよりは「知らない」ものの一つのようです。

高校生にもなると少し避妊に関心が出てきて、コンドームやピルを知っている人が増えてきます。でも実際には高校生にアンケートをとってみると、避妊の種類について一つも知らないと答える人が半分以上いるという現実があります。

日本で今手に入れられる避妊の方法は6つ。**コンドーム、ピル、子宮内避妊具、基礎体温法、男女それぞれの避妊手術（卵管結紮、精管結紮）**、そして**セックスをしない**という方法です。あと、危ないと思ったセックスから72時間以内に使う緊急避妊法（**アフターピル**）というものがあります。

コンドーム、ピル、子宮内避妊具、基礎体温法、避妊手術、アフターピルは、ものによって程度は異なりますが、利用しても妊娠してしまう可能性があります。なので、**今は絶対に妊娠したくない／妊娠させたくないという人は、100％妊娠が避けられる方法である「セックスをしない」という方法を選んでください**、と中学生や高校生には伝えています。

こんな話がよくあります。

「避妊をしていたのに失敗してしまったのでアフターピルが欲しい」と言って外来に

来る女性がいます。「どんな方法で避妊していたのですか?」と聞くと「コンドームです」と、ほとんどの人が答えます。そこで私は、必ず「コンドームは男性がする避妊法です。自分を守りたかったら女性の側である自分も避妊をする必要があると思いませんか?」と伝えます。

日本の女性はまだ避妊を男性任せにしています。そして海外には他にも、まだ日本では手に入らない避妊の方法があり、自分で好きな避妊法を選べます。この二点については、日本が先進国といわれながら、海外に大きく後れをとっている点になります。

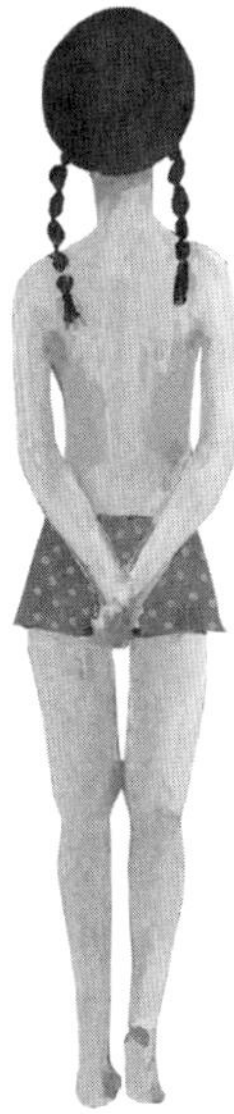

コラム

逆に産婦人科医から質問①
「妊娠すると一番に起こる変化って何？」

もしかしたら一生に一回しか私の話を聞いてもらえないのかもしれないと思うと、ついつい伝えたいことを性の話講演会ではしゃべりまくってしまうのですが、本当は目の前にいる子どもたちとたくさんふれ合う講演会にしたいと思っています。

マイクを持って会場に入っていき、不意に目と目があった子どもに質問をする。マイクを向けられた子どもたちはとてもドギマギするけれど、その一瞬にいろんなことを考えて、そして自分の言葉で答えを伝えようとしてくれます。ふれ合うことで子どもたちの普段の様子も見ることができますし、子どもたち同士の関係性も見えてきます。そして私が思いもよらなかった答えをくれることもあります。

ところで、

「妊娠すると女性に一番に起こる変化って何だと思う？」

私はこの質問を必ず中学生にすることにしています。

もちろんこの答えは
「月経が止まる」

ですよね。性教育にそれほど熱のなかった私の年代でも、大人になればいつの間にか知っていることです。しかし、**子どもたちにこの質問をしてみると、中学生ではほとんどの人が答えることができません。**

「お腹が大きくなる」

「気持ち悪くなる（つわりの事です）」

「わからない」

という答えがほとんどになります。

それがどうしたことか、高校生になるといつの間にやらみんな答えを知っています。

いいんじゃないのそれで、と思うかもしれませんが、実際中学生で妊娠をする人もいます。14歳未満で出産を経験する人は、毎年日本で約50人はいるのです。

妊娠をしたときに産むのか産まないのかを選択できる日本において、妊娠に気づかず赤ちゃんが大きくなってしまい、産む選択しかできなくなってしまうことはとても不幸です。

だからこれからも中学生の講演会では必ず問い続けます。

「妊娠すると女性に一番に起こる変化って何？」

と。

逆に産婦人科医から質問②
「今妊娠したら／妊娠させたらどうする？」

中学3年生に何年か続けて「**もしも中学3年生の今、妊娠したら、あるいは妊娠させたらあなたはどうしますか？**」と性のおはなし講演会で聞いたことがあります。すると、どの学校に行っても産むのに賛成派と産まないのに賛成派がほぼ半数ずつに分かれる、という結果が出ました。

最近の子どもたちは、命の誕生の奇跡、といった内容の授業を小さいころから受けています。産むと答えた子は、「命は大事だから」「せっかく授かった命だから」「産まないのはかわいそう」を理由に答えを出しています。逆に産まないと答えた子は、「お金がないから」「若いから」「育てられないのに産むのはかわいそうだから」を理由にして答えを出しています。

私は子ども達に講演会で話をするときに、「このことについてはこう思うのが正しいと思います」という私の考えを押しつける話し方を絶対にしません。実際にあった話をそのまま伝えて、あとは個人個人がそれをどう感じ考えるかを大切にします。だから、産むという答えも、産まないという答えも、どちらが正しかったとかどちらが正しくなかったとか、その場で私の判断を伝えることはありません。

なぜなら、人生の選択に間違いは一つもないからです。

親などから上から目線で意見を押しつけられ、それに流されたまま選択をすると、後から親との関係が悪くなってしまったり、自分がとても後悔をしたりすることにつながることがあります。

「産む」「産まない」どちらの答えを選んだにしても、自分がよく考え、家族やパートナーと相談しぶつかりながらも出した答えであれば、それがその子の人生の選択として正しい選択をしたのだと私は常に思って、できるだけの対応をするようにしています。

③章

性の多様性について

すべてお互いに尊重すべき個性です

私が小学生中学生だった昭和50～60年代と比べて、ずいぶん学校の様子も変わってきたなぁと思う今日このごろです。

一つは、色とりどりのランドセル。子どもたちは好きな色のランドセルを親にねだって買ってもらうことができるようですね、うらやましい限りです。私が小学生のときは男の子は黒、女の子は赤しかありませんでした。もう一つは、中学生のときの体操着。今は夏の体操着は女子も男子も短パンですよね。私が中学生のときは、女子はブルマを体操着として使っていました。私はこのブルマが本当に嫌いでした。なぜなら月経中にすごく気をつかわないといけなかったからです。

このように、男性はこうでなくてはいけない、女性はこうでなくてはいけない、という考えから離れた考えを**ジェンダーフリー**といいます。

このジェンダーフリーに関係することで、今でもすごく記憶に残っていることがあります。小学校のころは男子も女子も家庭科がありました。必ず全員が裁縫箱を学校で注文しないといけなくて、二つの柄から選ぶようになっていました。一つは明らかに男の子向けと思われるコマの絵柄、一つは明らかに女の子向けと思われる花の絵柄でした。私の母は、特に何も考えずにコマの絵柄を注文していました。私自身も花の絵柄よりはコマの絵柄の方が好きだったので何も思いませんでしたが、学校でその裁縫箱を使っているときに何度も同級生から、「どうしてコマの絵柄にしたの？（女の子なのに）」と聞かれたことがありました。好きな柄を選んで使えばいい、ただそれだけのことなのに、と色とりどりのランドセルを疑問に思わない今の若い人は思うのではないでしょうか。

テレビなどのマスメディアには女性と男性、二つの性別に分け切れないタレントさんが最近はたくさん出てきています。男性だけど女性の服装をしたり化粧をする人、男性も女性もどちらも恋愛の対象になると自分で言っている人、性別を変える手術をしたと言っている人などを、普通に見聞きすることができます。今の若い人たちにとっては普段から目にしているので、そういう人たちに嫌悪感というものを抱くことは少ないでしょう。ただし、まだそういう人たちは全体に対して性に関しての少数派（性的マイノリティ）なので、とても興味のある対象としては映っています。

性に関する事柄の中で知りたいことは何か、という質問をすると、10年前よりは確実に「性同一性障害」「性転換手術」というワードが中学生や高校生の中で票が伸びています。この章では、そんな中学生高校生からもらった「**性の多様性**」に関する質問に、答えていきたいと思います。

24 異性に興味がないのは変？

もちろんノー

「つきあってほしいと言われている男性がいるのですが、私は誰かを好きになるという気持ちがわかりません。これっておかしいことですか？」

という質問がありました。答えはもちろん「ノー」です。

男性なら男性ホルモン、女性なら女性ホルモンがそれぞれの体に働き、男性らしい女性らしい体の特徴が出始める思春期は、心も変化を始めます。思春期に入ると、特定の人を恋愛の対象として強く思うようになる人がぐっと増えるようになります。中学3年生にもなると8割近くの人が恋愛という感情を持つようになるようです。

でも、ここで大事なのは8割で、すべての人が恋愛感情を意識するようになるわけではない、というところです。

この質問をもらった女の子の続きの話としては、

「私が今一番好きなのは、アニメのキャラクターです」でした。たまたまこの女の子は、人間ではなくてアニメのキャラクターに恋愛感情を持っていました。なので、一応誰かを好きになるという気持ちはわかっていました。ただし中には、本当に誰かを好きになるということに興味や関心のない人もいます。そういう人たちは、他人のことを大事に思えない人ということではなくて、すべての人が友達や家族のように思っているので、特定の誰かから交際を求められたり、結婚を求められたりしたときにとても悩みます。

人を好きになるという感情は本来自由なものです。たとえアニメのキャラクターであっても、誰かが誰かを愛することは悪いことではありませんし、自分がピンとこない人からのおつきあいの申し出は全然断ってかまいません。男性が男性を好きになっても、女性が女性を好きになっても、男性も女性も関係なく恋愛の対象になってもそれは自由です。前にお話ししたように、何色のランドセルを選んでもよいのと同じです。もちろん恋愛に興味がないということも悪いことではありません。恋愛に興味がない人がおつきあいや結婚ができないというわけではありません。

色々な人がいて色々な考えを持っているから、人間は面白いのです。

25 LGBTの意味を教えて

新しい言葉を知ろう

色々なところで目にする「**LGBT**」とは何だろう、と素直な好奇心が旺盛な中学生の間では話題になることが多いようです。テレビなどでよく目にするためにとても関心の強い事柄なのでしょう。

L…レズビアン（女性を恋愛の対象とする女性）
G…ゲイ（男性を恋愛の対象とする男性）
B…バイセクシャル（男性も女性も恋愛の対象とする人）
T…トランスジェンダー（見た目の性別と自分が感じている性別が異なると感じている人）

という意味です。

最近はこれらだけでなく、

I…インターセックス（男性とも女性ともはっきり分けられない体の特徴を持っている人）
A…アセクシャル（性に関して興味や関心のない人）
Q…クエスチョニング（自分の性を何であると考えるか、またどんな性を好きになるかが定まっていない、または意図的に定めていない人）／クィア（性的少数者全体を指す言葉）

という言葉もあります。日々さまざまな言葉が生まれています。新しい言葉をどんどん作っていっても、性の多様性を言い表し切ることはできないため、性のあり方として少数派の人々を、大きく「性的マイノリティ」といいます。

今日本ではおよそ11人に1人がLGBTであるといわれています。

また、「性同一性障害」（最近は「性別違和」と呼ばれることが多くなってきていますので、今後はそちらで合わせます）という言葉もよく耳にするようになりました。性別違和はLGBTでいえば、トランスジェンダーとほぼ同じ意味です。

性別違和の子どもは、日本の学校現場では13人に1人いるといわれています。私の住んでいるところはとても田舎で、小学校は一学年に1クラス……しかも1クラスが25人いるのは多い方でしょう。そんな小さなクラスでも、1クラスにおよそ2人は性的マイノリティーの人がいることになります。「マイノリティ」（少数派）といっても、決して〝ごく少ない〟わけではないことがわかりますよね。

ある高校に性のおはなし講演会に行ったときのことです。講演会が終わってから「私は見た目の性別は女ですが心は男です。こういう講演会を聞いていると自分は置いてきぼりに感じます」

という感想をもらいました。この感想をもらってからは、高校生よりも前の中学生の性のおはなし講演会から、性的マイノリティについて時間を割いて、より丁寧にお話しするようになりました。

私たちは性別というと、男性と女性の2つしかないように思っていて、学校でもようやく最近性的マイノリティについての授業が行われるところも出てきたくらい、性の多様性については知識が薄いです。でも実際は、自分が感じている心の性別、普段の服装の特徴、恋愛の対象になる性別、性の対象として惹かれる性別などが、それぞれ男性寄りなのか女性寄りなのか、それともどちら寄りでもないのか両方ともなのか、という組み合わせがあって、それによって性のあり方が決まってくるとしたら、**とてもたくさんの性のあり方があっておかしくない**のがわかってもらえると思います。そしてその性のあり方は病気ではなく、その人の「個性」なのだというのがわかってもらえますか？

何色の靴に見えますか？

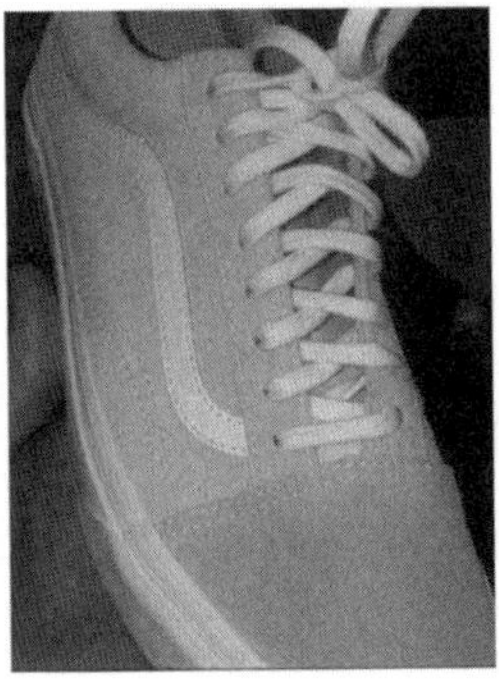

何色の紐に見えますか？

性的マイノリティの話の最後にいつも、「個性」を説明するために、中学生や高校生に1枚の写真を見せます。見る人によって色の見え方が違う写真です（インターネットで検索すると出てきます）。普段右脳を優先に使って物事を見ているのか、左脳を優先に使って見ているのか、それによって色の見え方が異なります。これは別に脳の異常ではなくて、その人の脳の使い方という一つの個性です。この写真はとてもインパクトがあり、だからこそ余計に素直に納得してくれます。

性の多様性を素直に受け止めてくれる若い人たちがどんどん増えていってほしいと思います。

26 LGBTって生まれつき？

一時的な場合もある

私が人生の中で最初に出会った性的マイノリティの人は「ルルちゃん」といって、母が趣味で習っていた日本舞踊の仲間の人で、カミングアウトしていた方です。今から30年も昔の話です。

母より少し若いくらいで、見た目はおじさん（これは私の見方でしかありませんが）。でもなんとなく所作に女らしいところがありました。母が普通に会話の中で「ルルちゃんがね…」と話していたので、私も「あー何？　ルルちゃんがどうしたの？」と何も感じずに話をしていました。

今になっていろいろ母に話を聞いてみると、ルルちゃんは普段は夜のスナックで働いていて、母と同じように趣味で日本舞踊を習っていたとのことです。もともと私が住んでいる地域の出身の人ではないようで、結婚して家族がいるような感じではなかったそうです。残念ながら数年前に病気で亡くなってしまいました。

このルルちゃんが、いつごろから自分は性的マイノリティと感じるようになったのかは、今となってはわかりません。生まれたときに見た目の性別は男性だったけれども、小さいときからスカートを穿きたがる子どもだったのかもしれません。あるいは思春期になって好きな人が出来たときに、自分は女性より男性の方が好きだなと思って気づいたのかもしれません。もしかしたら私たちが知らないだけで結婚をしていたことがあって、結婚してから初めて夫婦としての立場に立ったときに、自分の性のあり方に違和感を抱いて離婚をしたのちに、一人旅に出たのかもしれません。

つまり**自分が性的マイノリティではないかと気づくのは、生まれつきの場合もあったり、少し大きくなってからの場合もあったりする**ということです。それも、思春期のころは同性を恋愛の対象として見ていたのに、思春期を過ぎてしまったら異性を恋愛の対象として見るようになる、という人もいます。性のあり方がその時々によって変化するということもあります。

もしも自分の夫が性的マイノリティだったら、と考えることがあります。自分は夫にとって恋愛の対象ではなくなったけれども、子どもを育てていくことにおいて良い支援者になるのであれば、一生を終えるまで一緒にいることで楽しい時間を過ごせる相手だと思えれば、離婚することはないのではないかなと思っています。ただし夫にもそういう考えがあるなら、ですが。

性的マイノリティの人を理解できるかできないか、距離を取るか取らないか、それはまたその人の考え方ですので、どう受け止めるのが良い悪いはないと思います。それもその人の「個性」です。

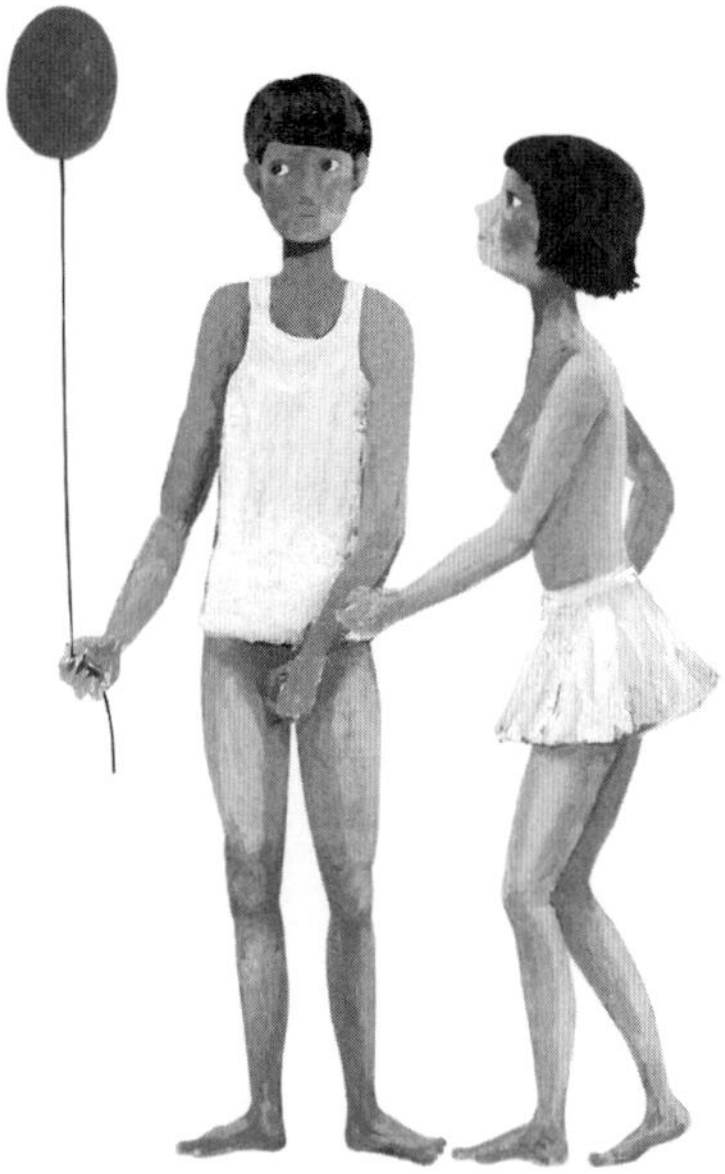

27 何がきっかけでLGBTになる？

はっきりと解明されていない脳の話

「何がきっかけでLGBTになるのか？」

確かにこれは中学生高校生に限らず、すべての人が感じる疑問かもしれません。特に、自分が男である／自分が女であると認識する**ジェンダーアイデンティティー（性自認、性同一性）**は一体いつ育まれるのでしょうか？

つい20年ほど前までは、生まれ持った体の性別ではなく、生まれた後にどう育てられたかが心の性別を決めるといわれていました。ですが、それでは説明しきれない人がたくさんいたため、生まれる前に心の性別、いわゆる脳の性別が作られるのではないかという研究がたくさんされました。その結果、お母さんのお腹の中にいるうちに、様々な原因はあるものの「アンドロゲン」と呼ばれる男性ホルモンをたくさん浴びることで脳は男性化する、ということがわかりました。

ただし、この研究で一つ疑問が出ました。それは、一卵性双生児の一人が性的マイノリティを持ち、もう一人は持たないことがあるのはなぜか、ということでした。お母さんのお腹の中の環境は双子にとっては同じであるはずなのに、なぜひとりひとり性のあり方が違うのか、と。これは今までわかっていた研究や遺伝学では説明ができない事実でした。

そこで近年注目されているのは、私たちの遺伝子に組み込まれている情報を、どう使うかあるいは使わないでおくかを決める物質がそれぞれの体の中にあって、その影響で脳の性別が決まっていくという研究です。何がその物質に当たるかは、現在研究中です。それにからめて、妊娠中にお母さん自身が摂取した物質が、お腹の中の赤ちゃんの性別に影響があるのかという研究もされています。

なお、性的マイノリティにつながる遺伝子はみつかっていません。

本来、私たちに男性と女性という性別があるのは、次の新しい命を作るためです。女性が女性を愛したり男性が男性を愛したりすることは、この点からは離れると思います。一方、サルについての研究で、群れの中に同性愛のサルがいると群れの結束力が高まる、という結果が出たものがあります。

いつも子どもたちには、「人間の体の作りにはそれぞれ意味がある」ということ、そして「あなたが存在するということは、この世界において必ず意味があること」とお話ししています。

ですから、性的マイノリティの人たちの存在も、そうでない人たちの存在も、地球にとっては全く同じ価値のものになります。

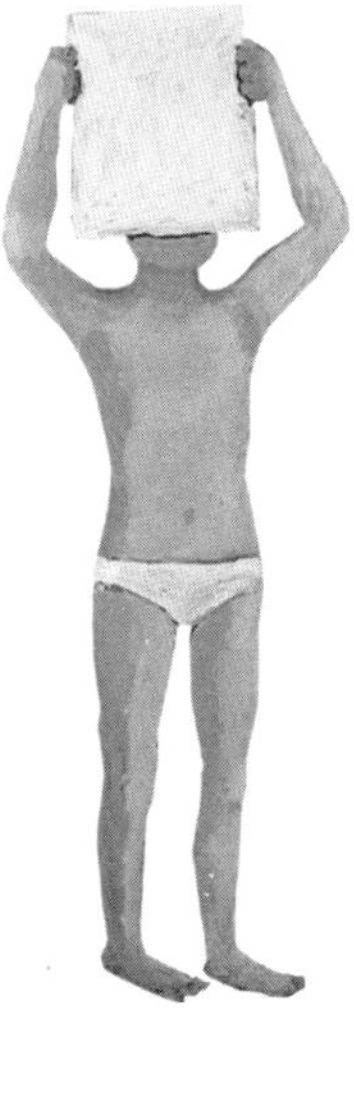

28 LGBTが生きやすいために必要なことは何？

一緒に考えていくことが大事

私が高校生だったころ、体育の授業の中に倒立前転という体操の項目がありました。マットの上で倒立（逆立ち）した後に前転をするというものです。逆立ちすらできない私には衝撃の内容でしたが、できるようになるまで放課後自主練や補講があったのを今でも覚えています。その当時から「これができることが私の人生には必要なのだろうか？」と思っていました。

小学校のころには毎朝学活前にマラソンがあって、〇年生以上は〇周校庭を走らないと学活でみんなの前で立たされる、ということもありました。似たような経験をされた方もいらっしゃるのではないでしょうか？

今思えば私が受けてきた高校までの学校教育は、「ひとと同じようにできること」

「みんなと同じことができること」という考えがとても強くあったように思います。つまり、**日本人はひとと同じであることが良いとされてきた時代が長くあった**ように思います。目立ったことをする子はいじめられたりもしました。「ひとと違うことはいけないこと」という感覚が、性的マイノリティの人の生きづらさを生み出してしまっているのかもしれません。

性的マイノリティと聞くと、自分にとっては新しいことや特別なことを理解しなければならないように感じてしまう人もいるかもしれません。でももしこんなことを言われたとしたらどうでしょうか？

「私はレズビアンで、結婚していますが子どもはいません。私の歳になると周りの友達は、孫が出来たと言って写メを送ってきます。私はそれが嫌です。私のような性的マイノリティがいるということを知ってほしい」

これは私が実際に50代のある女性から聞いた話です。

この話を聞いたときに、性的マイノリティはとても身近にあることなんだと思いました。そして、「私が何気なくしていることで人を傷つけていることがあるのでは？」と性的マイノリティについてとても考えさせられるきっかけになったのを覚えています。

性的マイノリティの人が生きやすくなる社会を作るために、国が政策を考え実行するのも一つの手ですが、まずは**私たち自身がいろいろな思いを抱えながら生きている人がいるということをわかって、お互いに話を聞く姿勢を持つ**ことが大事なのかなと思います。

その姿勢を持つことで、困っている人たちが悩みを打ち明けやすい環境ができ、色々な人がいろいろな意見を出し合える世の中になり、そこから政策を作ることにつながっていくのだと思います。

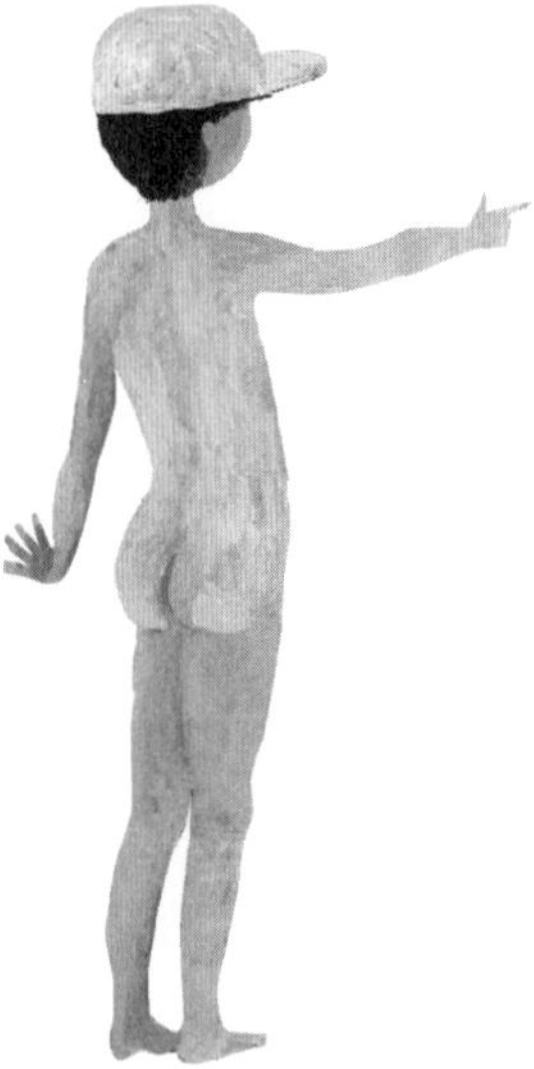

29 同性婚はなぜ日本では認められないの？

法律の規定をみてみよう

日本でなぜ同性婚が認められないのか？　それにはまず日本国憲法にこのような規定があるからです。

「**婚姻は、両性の合意のみに基（もとづ）いて成立し、夫婦が同等の権利を有することを基本として、相互の協力により、維持されなければならない**」（24条1項）。

この憲法の中の「両性」を「男性と女性のこと」と解釈してしまうと、同性婚が認められないことになってしまいます。この憲法の制定当時、性的マイノリティの人はもちろんいて、同性婚を望む人もいたのでしょうが、公の場で大きく取り沙汰されることがなかったのかもしれないと思います。

世界では２００１年を皮切りに、同性婚を認める国が増えてきています。２０１９年時点では27カ国が同性婚を認めています。

日本では、現在のところこの憲法の条文があり、同性婚は認められていません。ですが、それに先立って自治体では「パートナーシップ制度」が世界にならって出来て、認められつつあります。パートナーシップ制度が認められると、家族として認められるため、病院の面会や病状の説明を家族として受けることなどができます。２０２１年7月現在、全国で１１０の自治体が認めています。

ただしパートナーシップ制度を利用しても、戸籍上は他人です。婚姻関係は認められませんので、財産を分けたりパートナーの扶養に入ったりすることはできません。もしも二人で養子を育てようということになっても、どちらか一方の戸籍に養子縁組されるだけで、二人が子どもの親になることはできません。

まれにですが、こういう人もいます。生まれたときに見た目の性別は女性だったので戸籍上は女性として届けられ、もちろん女性として育てられ、自分も女性だと疑わずに生きてきたのですが、高校生を卒業するころになっても月経が始まらないために病院で検査をしたら、染色体の検査で男性だということがわかったという人。こういう人はほとんどの場合、生まれたときの周りの大人の判断で、本人の意思を確認できないまま女性としての人生が始まります。本人が自分の意志を持てるころになったときのセクシャルアイデンティティー（性自認）が女性であれば良いのですが、違和感を抱くことになるとすれば、本人にとってとても苦痛な人生になることでしょう。

戸籍に載せる性別とは、体の見た目の性別を書いた方が良いのでしょうか、それとも心の性別を書いた方が良いのでしょうか？　生まれたときの戸籍の届け出の性別に縛られて、自分の望む結婚ができなくなってしまったらどうでしょう。戸籍の性別を変えることは容易なことではありません。一方世界には、出生届の性別の欄を空欄にしておくことが認められた国もあります。

なぜ同性婚が認められないのか？という問題は、確かに法律上の問題なのかもしれません。もしも、憲法の中に登場する「**両性**」を今の時代を理解してもっと柔軟な解釈でとらえるような風潮になれば、憲法を改正しなくても状況は変わってくるのかなとも思います。それには自分が同性婚を理解できる／できないという意見には関係なく、同性婚ができないということで悩んでいる人たちがいる事実を受け止める一人ひとりの力が大事になってくるのだと思います。

30 性転換手術って、どういうことをするの？

立ち会った経験からお答えします

よく一般にいわれる性転換手術は、２００２年からは正式な手術の名称としては「**性別適合手術**」と呼ばれるようになっています。体の見た目の性別と心の性別が異なり悩んでいる性別違和の人たちが、心の性別に体の性別を近づけるために行う治療の一つです。

この手術を行えば、**女性としての身体の機能や男性としての身体の機能を完全に失ってしまい、戻すことができなくなります**。「後からやっぱり戻してほしい」ということがないように、専門の機関であるジェンダー委員会で認定された医師が診察して、手術が必要という認定書が出された人のみが行える手術になります。手術は主に形成外科と産婦人科の医師とで行います。

男性を女性の体に近づけるためには、
・男性の性器を摘出する手術
・のど仏を摘出する手術
・豊胸手術や顔の形を女性らしくする手術
・膣を作る手術
などが本人との相談で行われます。
女性を男性の体に近づけるためには、
・乳房を摘出する手術
・女性の性器を摘出する手術
・陰茎を作る手術
などが本人との相談で行われます。どこまでの手術を希望するかによって必要な費用が異なります。

1998年に日本で初めて、公式な手順で性別を再判定された人の性別適合手術が、ある大学病院で行われました。当時その手術を先頭に立って行っていた形成外科の教授から、学生時代に「女性から男性の体に近づける手術をする人が、手術をした後にしてみたいという行為で一番多いのは、立ち小便です」と授業の中で話を聞きました。「立ち小便ができるようになるだけでなく、セックスのときにきちんと陰茎が勃起する、そこまで追求して手術をしています」と熱く語る教授の話は、一人の医学生だった私には衝撃でした。私はその後産婦人科医となり、その教授のいる大学病院に勤めたため、女性を男性の体に近づけるための性別適合手術に医師として立ち会うことになりました。

その当時は性別適合手術は保険がきかずすべて自費だったので、入院日数が長いとその分費用がたくさんかかってしまう状況でした。なので、全身にメスを入れる性別適合手術は翌日には退院という過酷な条件の中で行われていました。話を聞けば聞くほど、よほどの覚悟で手術を受けに来られるのだなと感じました。

入院当日に手術をする本人の所へ話を聞きに行くと、人生が大きく変わる重要な一日になるためなのか、手術後にどうなるのかが不安なのか、みなさんとても神妙な顔をしていました。その表情を今でも忘れることができません。そして隣りには必ず彼女さんが座っていました。

2018年から性別適合手術は保険がきく手術になりました。ただし、手術までにホルモンの注射治療をしていた人は保険がきかないという問題点が残りました。

現在、私が勤めていた大学病院では、当時頑張っておられた形成外科の教授が定年になり辞められたので、性別適合手術はしていません。そのかわり、別の国内の病院で熱い思いで手術をされている先生たちがいます。

性別適合手術は私にとってはとても思い出深い手術です。性別適合手術の話を耳にするたび、当時手術に立ち合わせていただいた人たちが、今は愛するパートナーと結婚して、充実した人生を送ってくれていると良いなぁ、と当時を思い出します。

④章

性感染症について

性行為の結果は妊娠だけじゃない

私が2020年に行った講演先での中学生へのアンケートの中で、性に関することで知りたいことランキングの堂々1位は、例年1位の「異性の心」を抑えて「性に関する病気」でした。

「性に関する病気」を素直にとらえて説明しようとすると、とても内容の幅が広くなってしまうので、この章ではその中でも代表として性感染症についてお伝えしようと思います。

ではなぜここで性感染症の話をするのか？ということなのですが、中学生に

「性行為をした結果起こることはなんでしょう？」

と質問をすると、「妊娠」という答えは出てくるものの、「性感染症」という答えが絶対に出てこないからです。つまり、知りたいことランキング1位になった理由は、「知らないから知りたい」ということなのではないかと思っています。

これまでの章は、子どもたちからもらった質問に答えて行く形にしていましたが、この章の性感染症に関しては質問が今までにほとんどないので、中学生高校生に性感染症というテーマで普段どんなお話をしているかを付け加えながら、「性感染症とは何か？」をお伝えしたいと思います。

31

性に関する病気について知りたい

性感染症はたくさんあります

「性に関する病気を知りたいです」

という、とてもざっくりとした質問を中学生からもらったことがあります。性のおはなし講演会の前には、呼んでくださるほとんどの学校が中学生たちにアンケートを行ってくれます。そのアンケートの中に、「性についてみんなの知りたいことは何ですか？　次の中から選んでください（複数可）」という質問があって、その項目の一つに「性に関する病気」があります。きっと質問をくれた中学生は、「性に関する病気」という項目そのものが全くピンとこなかったので、そのままそれを私に投げかけてくれたのでしょう。

「性に関する病気」というと、「性の字は、心という意味のりっしんべんと、生きる・生命という意味の生からできています」と説明している私からすると、心や生きていくことに関する病気のすべてを指しても良いことになってしまうので、壮大な回答になってしまいます。なので、講演会という限られた時間の中で子どもたちに伝えられる回答として、「**性感染症**」を選んでお話しすることにしています。

中学生向けの講演会前のアンケートの中にはこのほかに、「今、特定の誰かと彼氏彼女としてつきあうとしたら、交際の中でしても良いと思うことはなんですか?」という質問もあります。ほとんどの中学生は交際中の相手と二人きりで何かをする、という答えは避けているように思います。つまり、一人で相手の家へ遊びに行く、キスをする、抱き合う、性交(セックス)をする、を良いとする中学生は、ごく少数だということです。

性感染症とは、性行為あるいはそれに近い行為でうつる病気のことです。具体的な病気の名前をあげれば、クラミジア感染症、淋病、HIV・エイズ、梅毒、A型肝炎・B型肝炎・C型肝炎、カンジダ症、尖圭コンジローマ、性器ヘルペス、毛じらみ症、トリコモナス症、子宮頸がん、アメーバ赤痢、などたくさんのものがあります。

10年前の中学生はマイクを向けて

「たくさんある性感染症の中で知っているものはありますか?」

と聞くと、必ず「HIV・エイズ」と答えてくれました。しかし今の中学生は授業の中での取り扱いが変わってしまったからなのかもしれませんが、ＨＩＶ・エイズと答えてくれる人がほとんどいません。日本ではＨＩＶ・エイズの患者さんは増え続けているにもかかわらず、です。

性感染症は怖いものです。それを性感染症を全く知らない中学生たちに伝えるために、次のような説明をします。

・妊娠中にお母さんが感染に気づいて治療をしないと、生まれた赤ちゃんにそのまま病気をうつしてしまい、病気によっては生まれたばかりの赤ちゃんの命が危険にさらされる可能性がある

・早く感染に気づいて治さないと「命に関わる」病気がある

・キスや傷口のある皮膚がさわっただけでも感染する病気がある、つまりセックスしなければうつらないというわけではない（高校生には、オーラルセックスは性感染症の拡大のためにあるようなものである、とはっきり伝えます）

中学生は一対一のおつきあいや、手をつないで歩いたりキスをしたりすることに少し憧れを抱く時期でもあります。そんな憧れを打ち砕くような性感染症の怖さを話すと、一瞬にしてみんなの表情と会場の空気が凍り付くのがわかります。私としてはその衝撃の瞬間を一生忘れないでほしいな、と思います。

32 毛じらみって何ですか？

中学生から初めて聞かれた具体的な性感染症

「おお、ついにきた！」

紙切れ一枚の前で思わず感激の大声を出してしまったある日の私。

何を見て喜んだかというと、性のおはなし講演会の講演後に中学生に書いてもらった一枚の感想用紙です。12年間の講演生活の中で初めて、性感染症の内容について具体的な質問が書いてありました。本項のタイトルがそれです。

後にも先にも、中学生が性感染症に関して具体的に質問をしてくれたのは、今のところ残念ながらこの一件だけです。

「**毛じらみ**」とは、シラミの一種の吸血昆虫です。

陰毛に住み着いて猛烈な痒みを出します。性行為で陰毛がこすれ合うことで感染します。まれにタオルやシーツの共有などでも感染するそうです。人間の毛につくシラミにはもう一つ、性感染症ではありませんが、「頭じらみ」があります。主に子どもの頭の毛に住みついて、子ども同士が頭をつき合わせて遊ぶところから感染していきます。毛じらみも頭じらみも治療は、スミスリンというシャンプーを使って陰毛及び頭の毛を洗うことです。陰毛の場合は、いちど毛を剃ってしまってからシャンプーを使うと、より治りが早いです。

この中学生はどうやってこの毛じらみという情報と出会えたのだろう？と思うくらい、診察室でお目にかかることは多くはありませんが、同時に決してなくなることもない感染症です。毛じらみも頭じらみも、忘れたころに流行ります。そしていつの間にかまたいなくなる、の繰り返しです。

この質問をくれた中学生が、本当にどこで毛じらみの情報を目にしたのかはわかりません。でも、思い切って感想用紙に書いてくれて良かったと思います。

私には小学生のときのこんな思い出があります。

それこそどこで耳にしたのか全く覚えていませんが、家族の前で「いんきんたむし」

と言ってしまったことがありました。いんきんたむしは陰部白癬という皮膚の病気です。白癬というカビの一種が感染して、ひどいかゆみを出します。私は意味も知らないまま、なんとなく言葉のリズムが好きで大きな声で口にしてしまったのですが、母親に「なんでそんなこと知ってるの？（子どもが口にするような言葉ではないし、人前で大きな声で言うような言葉でもない）」と突っ込まれ、とても恥ずかしい思いをしました。

聞いたことはあるけれど意味がわからない、でもどうやら大っぴらに口にすると恥ずかしい言葉のようだ、だからこそ誰にも聞けないで胸の中にしまっている、という言葉が、性に関するものには多いかもしれません。

そう考えると、「毛じらみって何ですか？」と勇気を出して聞いてくれた中学生にただただ拍手、と私は思います。

講演会の感想は匿名で出せるのだから、この中学生のようにドシドシ普段言えない疑問や悩みをぶつけてほしいですね。

33 性感染症になったらどうなるの？

実験で実感してみましょう

何度も言いますが、中学生にとって性感染症は未知の領域の話です。でも、そんな中学生たちにとって、たった60分から90分の性のおはなし講演会の中の、さらにその中の20分くらいでしかない性感染症の話は、とても衝撃のようです。講演会後の感想には、半分以上の中学生が「性感染症はとても怖い。簡単な気持ちで性行為をしないようにしたい。相手や赤ちゃんに迷惑がかかるので、性行為をする前にはきちんと検査をしてからしたい」と書いています。私が性のおはなし講演会の活動を始めたときから今も変わらず、性感染症については、

・性感染症は誰でも感染する可能性がある。

・今まで身近に感じていなかった性感染症を他人事ではなく自分事にして、自分や

他人を大事にできる行動をしてほしい。

・性感染症は怖い。だけどきちんと知ることでどう予防して、感染してしまったかもと思ったときに、どう対応していけばいいかがわかる。

これらのことを伝えていきたいと思っています。

私が講演会でお話しするときに注意していることがあります。それは、自分の感情を押しつけない、ということです。月経や射精、妊娠出産、人工妊娠中絶、避妊、性感染症など、実際に出会った事柄を淡々と伝えることで、聞いてくれた子どもたちがそれぞれどう感じたり考えたりしてくれるか、そこを大事にしています。その信念の中、性感染症に関して私の思いを伝えていく一つの方法として、性教育の先輩でもあり親友でもある産婦人科医の高橋幸子先生から教えてもらった〝実験〟を、中学生向けの講演のときにすることにしています。

実験のタイトルはズバリ「**世界が○人で出来ていたら、性感染症はどこまで広がる？**」です。講演を聞いてくれている会場の子どもたちで世界が出来ていて、その中で何も気にせずに自由に恋愛をしていったとします。その世界にたった一人性感染症を持った人が存在していたら、性感染症はどこまで広がっていくかを体験する実験です。性感染症の話をくわしく始める前に、この実験を行います。

まず中学生全員に水の入った紙コップを渡します。でもそのうちの一つは、実はアルカリ性の重曹水が入っています（生徒には後で「重曹水の入ったコップは、性感染症にかかったコップだ」と説明します）。会場を自由に移動してもらい、一人相手をつかまえて紙コップの水を相手のコップにすべて移します。そしてそこから、また半分水を自分の紙コップに戻してもらいます。このコップの水のやりとりを何回か繰り返します（何回繰り返すのかは参加している人数によりますが、最終的に全体の半数の人が重曹水の混じったコップになるように交換の回数を設定します。交換回数は一生に経験する交際の数と説明します）。

交換が終わったら、すべてのコップにフェノールフタレイン液を添加していきます。すると、水だけのコップは透明のまま色が変わらず、重曹水が混じったコップの水は鮮やかなピンク色に変わります。つまり、フェノールフタレイン液は性感染症にかかっているかどうかを検査する試薬、ピンク色に変わったコップは性感染症にかかったコップという意味になります。

となりに座った同級生のコップの水は色が変わらないのに、自分のコップの水はシヨッキングピンクに変わる。色が変わった瞬間に、誰もが「うおおお！」と雄たけびを上げます。そして、誰からこの性感染症は始まったのか、誰から誰へ経由して自分のところまで来たのか、同性の友達としか交換してないのに、検査の試薬を入れなければ見た目はとなりの同級生のコップと変わりがないのに、もしもこれが本当に死んでしまうような感染症だったらどうしよう、など、いろいろなことを感じとってくれるようです。

「まさに性感染症は感じたとおりの病気です」

と言って実験を終わると、会場の中学生たちはみんな食いつくようにその後の話を聞いてくれます。

実験の形はどのようなものでも良いと思います。その中で、性感染症は年齢や貧富の問題や職業や見た目の良し悪しなどで感染する人を選ばないこと、症状が出ないまま病気を持っている可能性があること、気づかないまま他人にうつす可能性があること、が体感できたなら、実験成功といったところでしょう。

子どもたちを集めてお話しする機会がある方は、ぜひお試ししてみてください。

34

子宮頸がんも性感染症なの？

性感染症です

まず、日本が世界に比べて遅れているのは、「金融教育」と「性教育」だといわれています。また、本来この二つの教育は、親から子へと伝えられるべきこと、と海外ではいわれています。

ふだん産婦人科の外来で、問診票に「性行為の経験は？」の欄に「ある」と答えている人の中で、「子宮頸がん検診を最近いつ受けましたか？」の問いに答えられない人が意外に多い現状があります。40代になっても、一度も子宮頸（けい）がん検診を受けたことがない、出産後から一度も子宮がん検診を受けていないという人もいます。

まず、日本人ががんで亡くなる確率は、2人に1人であるのをご存じですか？

「子宮頸がんは性感染症です。性行為の経験があれば子宮頸がんになる可能性があります」

と診察室で伝えると、みなさん「えっ！　本当ですか!?」とたじろぎます。

さらに、

「性感染症は症状があったときにはかなり病気が進んでいると思った方が良いです。子宮頸がんも同じです。症状がないうちに検診を受けますか？」

と付け加えると、皆さん必ず「受けます！」と答えてくださいます。

子宮頸がんは発がん性のヒトパピローマウイルスが、性行為によって感染することで起こります。がんの原因がはっきり「性行為」というのは、がんの中でも珍しいです。性行為で発がん性のヒトパピローマウイルスが子宮頸部に感染した後、本人の免疫力で排除されなかったウイルスがその場に残り、数年から10数年という時間をかけて細胞をがん化していきます。

このヒトパピローマウイルスは約200種類あって、その中に尖圭コンジローマを作るものと、子宮頸がんを作るものとが数種類ずつ含まれています。ヒトパピローマウイルスは普段は私たちの皮膚の上に住んでいます。特に男性の陰茎、亀頭と包皮の間の垢の中に多く潜んでいるといわれています。発がん性ヒトパピローマウイルスは子宮頸がんだけでなく、陰茎がんや肛門がんなど複数のがんの原因にもなります。それもあって、小学生から男子はきちんとお風呂で自分のおちんちんを剥いて洗おうね、と伝えます。「将来出会う好きな人のためにも自分のおちんちんのためにも」と。

子宮頸がんは、2000年以降20代～30代の人で爆発的に増えています。子宮頸がんは病気が進行した状態で見つかると、子宮を手術ですべて取らないといけなくなります。場合によっては亡くなってしまうことにもつながりかねません。

現在日本では一日に約10人の女性が子宮頸がんで亡くなっています。20代～30代の女性たちが進行した子宮頸がんになり子宮を失ったら、あるいは死んでしまったら、その後の妊娠出産に大きな影響が出る、つまり次の世代を生み出せなくなる、ということが自分の人生や日本の将来にどうつながるかは想像できますよね？

では、どうやって子宮頸がんを予防していくのか、ということですが、今は次に説明する2つの方法をどちらも行うことで、子宮頸がんは100％予防できるといわれています。

①予防ワクチンを打つこと

がんで予防ワクチンがあるのは、子宮頸がんだけです。

予防ワクチンの一番効果的な打ち方は、「性行為を経験する前にワクチンを打つ」ことですが、性行為を経験した後も効果がないわけではありません。私は結婚前の34歳で打ちました。小学6年生～高校1年生にはワクチン接種に対して助成金がありますので、まずは各市町村窓口でよくご確認ください。

万が一、ワクチンを打って体調を崩すことがあったときには、それを専門に診察をしてくれる協力医療機関が各都道府県に設置されていますので、まずはかかりつけ医にご相談ください。

②性行為を経験したらがん検診を受けること

日本人は世界の先進国に比べ、とてもがん検診の受診率が低いのが問題です。特に一番子宮頸がんになる可能性の高い若い年齢の人で、受診率が低いことがわかっています。今、20歳以上になったら2年に1回は子宮頸がん検診を受けましょう！と国からすすめられています。けれども、実はこれだけでは不十分です。子宮頸がんは性感染症でしたよね。性行為を経験したら、年齢に関係なく必ずがん検診をしてください。

オーストラリアでは、予防ワクチンの普及とがん検診受診率の高さにより、2028年には新規の子宮頸がんの人が出なくなるまでになっているとのこと。日本もオーストラリアに続くことは、きちんとした情報提供と教育と、その人自身の行動によって可能なはずです。

最近はがん検診と一緒に、自分が発がん性ヒトパピローマウイルスに感染しているかどうか、どの種類のヒトパピローマウイルスに感染しているのかを、検査することもできるようになっています。組み合わせて検査をすると、より効果的です。

そしてこの2つの他に、性感染症の予防の基本は「**性行為をするときには最初からコンドームを使うこと、だけど予防効果は100%ではない。（女子は）性行為をしたらがん検診を受ける**」です。これはある程度の年齢になった子どもに、親から伝えるべきことの一つです。性教育は、性感染症に限らず、まずは親世代がしっかりとした知識を持つこと、そしてそれを子どもに伝えていくことが大事と感じます。

⑤章

性は「生きる」こと

自分で選択し、自分を大切にしよう

ある日、私は母に言われました。

「生きることは、辛いことだよ」

と。

何の話をしていたときにその言葉を聞いたのかは、もう覚えていません。ただびっくりして、その言葉だけが脳裏に焼き付いてしまいました。

私にとって理想の医師は、昔も今も母です。母の影響で医者になったといってもおかしくないでしょう。自分の時間や睡眠を削って患者さんのために働いている姿を小さいころからずっと見てきました。その上、家族のことも大切にしてくれました。どんなに時間がなくても、日々の食事やお弁当、裁縫や編み物など、色々なことをしてくれました。そんなわけで、医者だけでなく理想の母親でもありました。趣味の習い事までしていました。

毎日とても大変だったのでしょうが、母は目の前でくたびれきって憂鬱な顔をしていたり、愚痴を言ったりはしませんでした。忙しいながらもはつらつと過ごしている、母にはそんな印象がありました。

そんな母から「生きることは、辛いことだよ」と言われたときに、なんだかとてもショックでした。でも、人生の折り返し地点を過ぎた今は、母の言うことが少しわかるようになりました。そして実はこの後に続く言葉があることに気づきました。

「だけど、人生が楽しいか楽しくないかを決めるのは自分だ」

性のおはなし講演会をしに行くと、目の前にたくさんの子ども達の顔が並びます。子どもたち一人一人が置かれている環境は必ずそれぞれ異なります。中には自分のことを不幸だ、と思っている子もいるでしょう。

私が今までしてきた経験は母に比べればほんの少しではありますが、すごく嬉しかったこと、死と向き合ったこと、絶望に打ちひしがれたことなど、色々な経験がありました。私の話を聞くことで、自分が今ここにいる必要性が見つけられたり、自分の人生を生き続けていく勇気が少しでも持てるような話ができたらいいな、と思いながら、「生きる」というテーマの話をしています。

この章ではその中からいくつか抜粋して、「生きる」をテーマに話をしてみたいと思います。

35 異性の心を知りたい

面と向かって話すしかない

中学生の「性に関する言葉、知りたいランキング」の上位にいつもランキングされている「異性の心」に関しては、以前の章にも少し書きましたね。**どんなに頑張っても目を見て話す以外に絶対わかる方法のないもの、それが「人の心」だ**ということを。

今の世の中、スマホやパソコンなどで誰かとやり取りすることは普通です。だから、これらのツールを使うなと言っているわけではありません。ただ私は、日本語はとても難しいと感じているので、書き方によっては自分が本当に思っていることが十分に伝わらないことや、自分の本心を間違ってくみとられてしまう場合があるのではないかなと思って慎重に使っています。

こんな例えを以前に聞いたことがあります。

『自分の気になる男性がいい男かどうかを確かめる質問があります。まず、二人でファーストフードのお店に行きます。そして自分が先に注文をします。「私は○○にするけど△△君は何にする？」と。その答えに対して、彼が「○○でいい」と答えた場合、彼はとにかく目の前にあるものなら何でもいい、つきあう彼女はあなたでも別の人でも良いという考えの人だとわかります。また、彼が「○○がいい」と答えた場合、特定のものに固執するストーカー的な考えの人だとわかります。これらの答え方を聞いたら、あなたは「じゃあ私のだけ持ち帰りにしてください」と言って先に帰りましょう』

という話です。「で」か「が」かでずいぶん言葉のニュアンスが変わるのがわかりますか？

私が以前、友人とLINEでやりとりをしていて実際にとても悩んだのは、「それってておかしいね」と返答しようとしたときでした。自分としては「その内容はとても面白いね」とポジティブな気持ちを込めたつもりだったのですが、友人がそれを読んだときに「その内容は奇妙で理解しがたい」というネガティブなとらえ方をしたら困るな、と思ったのです。

同じ返答をするにしても、電話ならもう少し声のトーンでその場の空気がわかります。直接会って話すなら加えて顔の表情も見えて、その人の心がすぐにわかります。

結局、友人への返答は「それって面白くていい感じ！」にしました。

講演会で「異性の心」について話をするときは、こう付け加えます。

「スマホは便利。でも、喧嘩した相手からゴメンと謝罪のＬＩＮＥが来たとしても、相手は送る向こうでテレビを見ながら笑って鼻をほじっているかもしれない。勝手に他の誰かが代わりに送ってきているのかもしれない。本当に大事なことは面と向かって相手の目を見て伝えた方がいい」と。

そして、

「これは、好きな人の本当の心を知る上でも同じなのではないかな？」

と伝えています。

36

大人が失敗した話を知りたい

大人の失敗談は子どもにとっての宝物

ひとに言えない失敗をお持ちですか？

私はたくさんあります。

後悔したり思い出したくない苦い経験が。

そのときのことを思い出すと、誰もが「もう失敗はしたくない！」と思うのでしょうが、人生を歩めば歩むほど、また種類の違う新しい失敗をしていくものですよね。

20代の若いころは、とてもその経験をひとに話すことなどできるわけがないと思っていました。でも今は話せない失敗などないと思うようになりました。なぜなら、**過去の失敗があるからこそ今の自分がある**と気づいたからです。

20世紀の発明王エジソンは、電球を発明するまでに約2000回も失敗を繰り返しました。そして、「**失敗ではない。うまくいかない1万通りの方法を発見したのだ。困るということは、次の新しい世界を発見する扉である**」という名言を残しています。彼は失敗をしたくない、ではなく積極的にしていきたい、と考えていました。

エジソンの失敗は人生で経験する失敗とはちょっと違うかもしれません。でも思い出してみてください。自分が自転車に初めて乗れるようになったときのことを。自分は何度転んでもあきらめなかったから、そして成功するまで付き合ってくれた誰かが一緒にいたから、自転車に乗れるようになったと思います。

人生においても実は同じです。例えば会計を間違えて職場に損害を与えてしまった。書類の提出期限を忘れてしまって大事な資格が取り消されそうになった。故意ではないけど人にけがをさせてしまった。大小さまざまな失敗があるでしょう。これらすべての失敗は、もちろん十分に反省すべきことではあります。でもその失敗が起きたということは、起きてもおかしくないような状況がそこにあったから起きたのです。つまり、あなたがたまたま今回失敗したけれども、その状況において同じ失敗を他の人がする可能性もあったということです。あなたがしたことで今後同じような経験をする人が出ないように、防ぐことができるようになるのです。かえってあなたのしたことは喜ばれることかもしれません。失敗だけでなく後悔したことや苦い経験もすべて、あなたやあなたに関係した人たちの「次の新しい世界を発見する扉」を開けるのですから。

以前、中学生に「生きる」というテーマでお話をするとき、担任の先生たちの失敗談（その失敗をしたことが今の自分にどう影響をしているのか）を事前に教えていただき、発表したことがあります。そして私からも失敗談をひとつ話しました。すると、その講演会が終わった後に子どもたち同士で「失敗談のところがすごく感動した」と話していたと、後日参加していた知り合いの中学生から聞きました。

子どもたちにとって、人生の先を歩んでいる先輩の失敗は宝物です。そして私たち大人にとっても他人が経験してきた失敗を耳にできるというのは、自分の人生を豊かにすることができる貴重な体験です。失敗を共有できる環境を常に作っていけると良いですね。

失敗だらけの私から子どもたちに、これからも伝えていきたいです。

「失敗を怖がらないで、あきらめずに前へ進む。失敗は自分でそう決めているだけ」と。

37 今のままの私でいいの？

大事なのは持ち物ではなくて持ち主

すこし想像してみましょう。あなたがおつきあいしたい人の理想のタイプの外見を。あなたの前にその人がある日突然現れて「こんにちは。これからよろしく」なんて声をかけてきたら、きっと恋に落ちてしまいますよね。

では、あなたの周りにいる人がすべてその人だったらどう思いますか？　最初は嬉しいかもしれません。でもそのうち、その人たち全員があなたに「好き。つきあって」と言ってきたら、あなたは何億という同じ外見のその人たちから誰を選びますか？　きっとそのうち悩みすぎて答えが出なくなって、恋する気持ちすら消え失せてしまうかもしれません。でも、実際はこんなことはありません。外見がほぼ同じである双子であっても、しぐさや性格は違うからです。

「どうやったらおっぱいが大きくなりますか？」

「もっと背が高くなりたいのですがどうしたらいいですか?」

という質問を中学生からたくさんもらいます。

女の子は男の子より少しおませなので、小学校の高学年にもなると、「自分はテレビや雑誌に出ている○○ちゃんのようになりたい」という外見のあこがれ意識が強くなり、大好きな○○ちゃんに近づこうと髪型から服装から喋り方まで真似するようになります。男の子は少し遅れて中学生や高校生になってから少しずつ外見の理想像を意識するようになる気がします。

ここでちょっと話がそれますが、気をつけていただきたいのが、テレビや雑誌に出ている女性は、背が高くスラッとしていることが多いので、女の子はダイエットをしたがります。このダイエットは行き過ぎてしまうと、月経が来なくなったり不順の原因になります。場合によっては摂食障害につながり、以後長い間その子が苦しむ原因になります。必要でないダイエットは10代のうちはしないように、周りにいる大人は注意して見守る必要があると思います。

さて、私は中学生たちに尋ねます。

「あなたが理想と思う姿にならないと、あなたはどうなるのですか?」

と。そして付け加えます。「あなたがもしも理想と思う姿にならないと、他人から愛されないと思っているのであればそれは間違いです」と。これは始めに話したお話からもわかると思います。

よく男性が女性の体の好きなところとして、おっぱいをあげる人がいます。巨乳がいいとか微乳（昔はペチャパイともいいましたね）がいいとかいろいろ言っています。ただし、それが女性を好きになる条件になるかというと違います。巨乳が好きな男性が、いざ好きになった女性は微乳だった、というのはよくあることでしょう。巨乳だ微乳だ、は二の次なのです。

大事なのは「持ち物」ではなくて「持ち主」ということです。それでもおっぱいが大きくなった方が良いと思っている女の子がいたので、こう付け加えました。「もしもあなたがおっぱいが大きいけど性格が悪いとしたら、あるいはあなたがおっぱいは小さいけど性格が良いとしたら、男の子はどちらのあなたを選ぶと思う？」と。するとその女の子は黙ってしまいました。

世の中には美容整形をする人もいますね。美容整形をすることに反対というわけではありません。外見が変わることでその人の性格が明るくなり、ハッピーな毎日を過ごせるようなら、それは良い選択だったといえると思います。

38 私って、愛されているのかな？

親が子どもに伝えなくてはいけないこと

「あなたは家族から愛されていると確信できますか？」

普段はさほど他人が自分をどう思っているかを気にすることはないのに、気持ちが落ち気味のときには気になり、「私のこと好き？」と思わず聞いてしまうことはありませんか？　この問いかけをした場合、たいてい相手の人は、「何言ってるの、当たり前じゃん」と答えてくれます。つまり、ひとから愛されていないのではと、ふと不安を感じるのは、おおよそは自分の気持ちの状態から生まれる思い込みや勘違いが多い、ということです。

この「愛されている」という感覚を、誰かに問わなくても感じ取れる人と、比較的行動や言葉で言ってあげないと感じ取れない人がいます。感じ取れない人の多くは、その人が生まれ育った小さいころの環境が、どこか騒がしく不安で落ち着かなかったことがあり、それが大きく影響しているように思います。

「家族から常に愛されていた」
この感覚は、子どもが大人になる上でとても大事なことなのです。

玄関の外に出ると厳しくて辛いことが待っているけれど、家の中に入れば何もかもから守られて心も体もリラックスして安心して過ごせる。その安心感は、子どもにとっては居場所（飾らない自分が存在した良い場所）作りになり、今ここに存在して良い自分への自信作りになります。まず家庭が穏やかであることは、子どものこころの発育に大きく影響を及ぼします。

そして子どもが小さいころから、子どもと同じ視点でものを見て話をすること、子どもを愛情を持って抱きしめること、子どものしたことを褒めること、ときには「あなたは大事な子だよ」「大好き」と声をかけること、を身近な大人である親（保護者）は心がけてください。これらは子どもに、より安全安心な居場所と強い自信を与え、それは後に社会に出たときにぶち当たる壁を乗り越えていく力になります。

15歳から39歳の日本人の若い世代の死因の第1位は自殺です。またある調査によると、「自分は価値ある人間だと思う」人が8割から9割を占める海外の国々に比べて、日本人は3割程度でしかないことがわかっています。また、「親（保護者）は私が優秀だと思っている」という調査に関しても、結果は同じでした。これはある意味、子どもを持つ親には衝撃の結果です。あれだけ子どもを愛し、慈しみ、大事にしてきたつもりなのに、子どもはそれを十分に感じ取れていない、ということだからです。若い人の自殺対策はいろいろあるとは思いますが、まずは「家庭から始まる」と思っています。

また、親（保護者）から子へ受け継がれるものとして、これまでに話した「愛情」のほかに、親（保護者）が持っている人間関係の豊かさ、コミュニケーション能力の高さ、余裕のある生活、社会経験の豊かさ、などがあり、これらを親からのプラスの遺産といいます。親からのプラスの遺産は単純にお金だけではないのです。つまり、メディアでよく耳にする子どもの貧困は経済的なことだけを指してはいません。そして親からのプラスの遺産は、子どもたちを貧困から遠ざけ、さらにその後の非行から遠ざけるといわれています。子どもの貧困や非行もまた、「家庭から始まる」のだと思います。

「家族から愛されていると確信できる」多くの子どもにそう言ってもらえる日本の子育てを、支えていきたいと思っています。

39 私って、変わってる？

どんな自分も受け入れる心を持とう

小さいころからたびたび「変わってる」と言われてきました。そのため私のあだ名は、いつしか「えみちん」から「えみ珍」になりました。

自分の価値観や判断などの方向性が大きく違う他人を「変わっている」と表現することがあると思いますが、日本人は特に、他人と自分が違うということがすごく気になるようです。でも私にとっては「変わってる」は褒め言葉でした。他人が気がつかないような面白いことを思いついて喜んでもらえるのは、とても快感だと今でも思っています。

私ほど変わったことをしなくても、周りにいる人たちと自分は全く別の存在で、そこには必ず個性というものがあります。価値観や判断が全く同じであっても、その人と自分の見た目は同じではないということ。逆に見た目で区別がつかない双子であっても、価値観や判断は全く同じではないということ。これがすべて個性です。

それを考えると、他人と違うことは悪いことなのでしょうか？

いえ、悪いことではなくて、必要なことなのです。


人間も元をたどれば小さな一つの細胞から始まり、最初は細胞分裂などをして次の命を育んでいました。でもそれではいろいろな環境や病気に勝てず、いつしか肉体を持ちメスとオスという性別ができました。さらに寒さに強い個体や暑さに強い個体などの特徴が色々生まれて、今の私たちになりました。

何気なく使っている血液型も、最初はO型しかなかったのですが、様々な環境に適応して暮らしていくためにA型とB型ができ、そして最後にAB型ができたといわれています。

「蓼喰う虫も好き好き」という言葉もありますが、ヒトが様々な体格や体質、様々な性格を持ち、それらをどんどん組み合わせていくことで、人間はより強くなって過酷な環境を生き残ることができました。そしてその新たな組み合わせは、さらにより良い未来の世界を作っていくことになります。

つまり、人間の中の一つの人種が正しい存在であるとか、血液型の中の一つの型が良いものであるとかではなく、**人間が今を生きて、さらにその先を元気に生きていくためには、すべての人が正しく良い存在であり、なくてはならない存在なのです**。そしてすべての存在が、愛されるべき存在です。

背の高い低い、足が速い遅いなど、理想の自分とは違うところがたくさんあるかもしれませんが、今のこの地球にはあなたという存在が必要なのです。

だから、**どんな自分であっても受け入れる心、そして周りにいる人やこれから出会う人たちを受け入れる心を持って進んでいく**ことで、自分という世界やこの世という世界も、もっと良くなっていくのだと思います。

40 私って、ひとりぼっち？

周りとのつながりを大切にしよう

私はかつて30歳になる年に、過労でうつ病になりました。病気になった後には自殺未遂騒ぎも起こし、一歩間違えれば今皆さんに話をしている私は、この世に存在していませんでした。

自分が医者になったときに常に思っていたのは、自分の怠慢で誰かの命が危険にさらされるようなことがあってはいけないということでした。だから、仕事を完璧にしようと毎日夜遅くまで職場にいたり、頼まれたことは断ってはいけないのだと思い休息も取らずに仕事をためこんでしまったことから、過労につながったのではないかと自分では推測しています。

すっかりうつ病が治った後に、うつ病対策をライフワークとしておられるある先生に「どうしてうつ病になったと思いますか?」と聞かれ、仕事を完璧にしようとしたことや休息を十分に取らなかったことなどを話しました。すると先生は私の答えを聞いてうなずきません。私は思いつく限りの理由を次々話しました。なかなか先生はうなずきません。そして最後の最後に、

「普段仕事の愚痴を言ったり、仕事帰りにご飯を食べたりしていた友人が別の病院に異動になってしまって寂しかったのかもしれません」

と言ったときに、先生はようやく笑って大きくうなずいてくれました。

過労でうつ病にならないためにどうしたら良いか?という問題を考えたときに、すぐに思いつくのは労働時間の改善、週休二日制、当直明けは休みとする、などです。でも実は今挙げたような労働条件を改善しても、うつ病の予防も、うつ病の人の自殺も止めることができません。

では私だけではなく、うつ病の人全体に共通の根本的な改善策は何かというと、「**人と人とのつながりを作ること**」なのです。

からだが辛いと素直に言える人とのつながり、仕事を他の人に任せられる人とのつながり、体調を気遣ってくれる人とのつながり、良い精神科を紹介してもらえる人と

のつながり、休むことを受け入れてくれる家族という人とのつながり、職場ではない場所で友達と仕事以外のことを話せるというつながり、など。つながりは人だけでなく場所ということもあるでしょう。その人の周りにたくさんのつながりができることで予防ができるようになります。

私がうつ病になったときは、自分の辛さを同じ職場の先輩に話したところ、その先輩が奥様のうつ病の経験からただごとではないと判断して、教授まで話を持っていってくれたというつながりがありました。そのつながりがあったからこそ緊急入院という形で休業に入ることができ、命を落とすという最悪な事態を回避することができました。そして4年でうつ病も完治することができました。

人と人がつながるということは、時に人間関係がこじれることで大きな悩みの種にもなりますが、人と人とのつながりは命を救うことに大いにつながることを忘れてはいけません。

「孤独」は人を病気にし、「つながり」は人生を豊かにする、と私は実体験から強く感じ、常に信じて行動しています。

おわりに

「私は今までに3回死にそうになったことがあって7回手術をしたことがあります」

と性のおはなし講演会で話をすると、無邪気な小学生は、

「どんな病気だったんですか?」

と質問をしてきます。

三途の川を途中まで渡ってしまったのは、髄膜炎にかかったとき、ソバでアナフィラキシーショックを起こしたとき、過労でうつ病になって自殺未遂を起こしたとき、の3回です。

これらのようなことが起こった時はいつも、順調と思われていた人生の歩みがプツンと途切れ、立ち止まるどころか大きく他人より後れを取って後退していく恐怖、思い通りにならない歯がゆさを感じました。

元々病気がちではありましたが、さすがにここまでの体験をすると、自分はどうしてこうなのだろう、自分の人生とはいったいどういう意味を持つんだろう、自分は何

ができるんだろう、と自分の人生や生きる意味、自分にとって幸せとはなんだろう、ということを常に考えるようになりました。

でもありがたいことにたくさんの人に支えられ長い時が過ぎゆき、40歳になってようやく「自分は幸せで、多くのものは持ちえないけれど、このままで十分なのだ」と心から思えるようになりました。

一人の人間が一生の中で経験できることは限られています。

経験していないことが多いからこそ、壁にぶち当たることを恐怖に思い、実際ぶち当たったときに悩み苦しむのだと思います。

もしも、自分の知識や経験が他の人の壁を超える手助けになれば……そんな思いもあり、性のおはなし講演会では字の通りの「性」の話だけでなく「生きる」の話も大事にしています。

長年産婦人科医として地域に貢献してきた母の後を継いで、つないできた性のおはなし講演会。

私の住む市は山間部にある高齢者が40％を占める超高齢地域かつ過疎地域です。いまや1年で約1000人ずつ人口が減り、約250人しか子どもが産まれません。人数が少ないからなおのこと、これからを担う子どもたちがみんな笑顔で健やかに育ってほしい、と強く願い現在も講演活動を続けています。

今回、そんな活動を通して接してきた子どもたちとのやりとりから、性に関する本を出してみませんかと声をかけていただき、この本が完成しました。

今まで出会ってきた子どもたちを思い出しながら、一人ひとりに語り掛けるつもりで書きました。

手に取っていただき、ここまで読んでいただいたことに感謝申し上げます。

そして、私が無事ここにこうして生きていることを支えてきてくれた母、姉、夫とその家族、娘、本当にありがとう。

いつも私のそばで私を温かく見守り励ましてくださっている友人たち、職場の皆様、教えをくださった先生方、本当にありがとうございます。

最後に、本の出版という貴重な機会をくださった西川隆光先生、遠藤励起先生、岩谷洋昌先生、そして自由国民社の竹内尚志編集長さまおよび関係者の皆様、本当に本当にありがとうございました。

これからも新たな子どもたちとの出会いと子どもたちの疑問に真摯に向き合っていきたいと思っております。

令和3年10月吉日

仲 栄美子

著者プロフィール

仲 栄美子（なか・えみこ）
産婦人科専門医、女性のヘルスケアアドバイザー

2001年、埼玉医科大学卒業後、同大学総合医療センター産婦人科勤務。第一線で働くやりがいを感じていたが過労によるうつ病を発症し、2008年より地元で唯一の産婦人科クリニックである現医院で働く両親のもとに戻った。主に産婦人科を中心とした地域医療に従事しており、今までに5000人以上の出産に立ち会っている。

小さいころより体が弱く、7回の手術と3回瀕死の状態になったこと、うつ病時代には自殺未遂、さらに晩婚で不妊治療の経験もある。現在は里親もしている。

自身の病気との闘い、それに伴って生じた挫折や自殺未遂などの経験と、患者に寄り添う医療を続けてきた体験から、10代の若い人たちに「生きるということについて」熱く語っている。日々の診療の傍ら毎年地域のほとんどの小中高校を回り、地域や県内の様々な団体より依頼を受け、これまでに10年間で約200校2万人への性教育講演活動を行っている。

趣味は音楽鑑賞、楽器演奏とアウトドア。ピアノ、ギターなどの演奏を行うことや娘と大きな声で歌を歌ってはストレスを発散している。自然の中で生活することが自分の健康を保つために必要とわかり、現在田舎生活を満喫中。

2019年秋には勤務病院内に「からだとこころの学校」を開校し、過疎化の進む地域にどう自分が貢献できるかを日々考え行動し続けている。

Special Thanks to

企画協力　岩谷 洋昌（H&S株式会社）

イラストレーション　r2（下川恵・片山明子）

産《さん》婦《ふ》人《じん》科《か》専《せん》門《もん》医《い》が教《おし》える はじめての性《せい》教《きょう》育《いく》

二〇二一年（令和三年）十二月三日　初版第一刷発行

著　者　仲栄美子
発行者　石井悟
発行所　株式会社自由国民社
東京都豊島区高田三—一〇—一一　〒一七一—〇〇三三
電話〇三—六二三三—〇七八一（代表）

造　本　ＪＫ
印刷所　奥村印刷株式会社
製本所　新風製本株式会社